古典文獻研究輯刊

三三編

潘美月・杜潔祥 主編

第32冊

散見宋金元墓誌地券輯錄二編

周 峰 著

國家圖書館出版品預行編目資料

散見宋金元墓誌地券輯錄二編／周峰 著 -- 初版 -- 新北市：
花木蘭文化事業有限公司，2021〔民 110〕
目 8+202 面；19×26 公分
（古典文獻研究輯刊 三三編；第 32 冊）
ISBN 978-986-518-648-7（精裝）
1. 喪葬習俗 2. 中國
011.08   110012109

ISBN-978-986-518-648-7

9 789865 186487

古典文獻研究輯刊
三三編　第三二冊　　　　　　　ISBN：978-986-518-648-7

散見宋金元墓誌地券輯錄二編

作　　者　周峰
主　　編　潘美月、杜潔祥
總 編 輯　杜潔祥
副總編輯　楊嘉樂
編　　輯　許郁翎、張雅淋、潘玟靜　美術編輯　陳逸婷
出　　版　花木蘭文化事業有限公司
發 行 人　高小娟
聯絡地址　235 新北市中和區中安街七二號十三樓
　　　　　電話：02-2923-1455／傳真：02-2923-1452
網　　址　http://www.huamulan.tw 信箱 service@huamulans.com
印　　刷　普羅文化出版廣告事業
初　　版　2021 年 9 月
全書字數　54481 字
定　　價　三三編 36 冊（精裝）台幣 90,000 元　　　版權所有・請勿翻印

散見宋金元墓誌地券輯錄二編

周峰 著

作者簡介

周峰，男，漢族，1972 年生，河北省安新縣人。中國社會科學院民族學與人類學研究所研究員，歷史學博士，博士生導師。主要從事遼金史、西夏學的研究。出版《完顏亮評傳》《21 世紀遼金史論著目錄（2001 ～ 2010 年）》《西夏文〈亥年新法・第三〉譯釋與研究》《奚族史略》《遼金史論稿》《五代遼宋西夏金邊政史》《貞珉千秋──散佚遼宋金元墓誌輯錄》等著作 14 部（含合著），發表論文 90 餘篇。

提　　要

　　本書為《散見宋金元墓誌地券輯錄》的續編，共收錄宋金元三代的墓誌、地券 118 種，其中宋代 87 種，金代 4 種，元代 27 種。每種墓誌地券內容包括兩部分：拓本或照片、錄文。拓本及照片絕大部分來源於網路，大部分沒有公開發表過。墓主大部分為不見經傳的普通百姓，為我們瞭解宋金元時期民眾的生活提供了第一手的寶貴資料。

目

次

凡　例

一、本書所收宋金元三代的墓誌、地券的拓本及照片絕大部分來源於網路，
　　大部分沒有公開發表過。

二、本書內容包括墓誌地券拓本或照片、墓誌地券錄文。

三、所收墓誌地券皆另行命名，以避免原題繁瑣缺名的情況。墓誌地券原題
　　皆在錄文中出現。

四、錄文採用通行繁體字，對於字庫中有的繁體字異體字徑直採用，字庫中
　　沒有的繁體字異體字則不再另行造字，徑用通行繁體字。墓誌中現在通
　　行的簡體字徑用原字。個別俗字一律改為正體。筆劃上略有增減的別字
　　一律改為正體。

五、原字不全，但能辨明者，在該字外加框。殘缺不識者，用缺字符號□代
　　替。錄文每行後用分行符號／表示換行，文尾不再用分行符號。

六、個別影響文義的錯別字，在其後的括弧內添加正體字。

七、墓誌地券原來的行文格式不再保留，徑用現行文章體例。

八、墓誌地券排列順序以墓主卒葬日或刻石日前後為序。

散見宋金元墓誌地券輯錄二編

一、宋王思地券　雍熙四年（987）十一月一日

維雍熙四年歲次丁亥十一月／庚申朔一日庚申，奉為亡靈／王思，今將白銀信錢万万貫交於蒲江縣普慈鄉蒲同里□地／神虜，市買地一段。上至青天，下至黃泉。東至青龍，西至白虎，南至朱雀，北至玄武。內外勾陳，守護墳墓。自有文書契券分明，相見人歲月日辰。如若地神不容，自招其禍，急急如律令。／

亡靈王思地券文。合同。

1985 年，出土於四川省蒲江縣東北鄉體泉村五組。

維羅縣四年歲次丁亥十一□
庚申朔一日庚申奉為□□□
王恩今將自銀信錢九万九千貫父
於蒲江縣普慈鄉蒲同里買地
神亥而買地一阰上至青天下
至黃泉東至青龍西至□□□
至朱崔北至亥武內外勾陳□□
護墳墓自有文書契券分明起
見人歲月日辰如若地神不容
自拍其禍急急如律令
亡靈王恩地券文 全司

二、宋黃二郎地券　天禧元年（1017）十二月九日

　　維天禧元年太歲丁巳十二月乙丑朔九日癸酉，/建昌軍南城縣太平鄉棲畝里南陽保歿故/亡人/黃二郎，行年三十八歲，魂歸逝水。今用/銀錢二千貫扵開皇地主邊買得土名楓樹/源坤向陰地一墳，將充安葬。東止甲乙，南止丙丁，西/止庚辛，北止壬癸。上止青天，下止黃泉。買山地/時有保人東王公，見人西王母，量度地人張堅固、李/定度。從一定已後，不得有凶神惡鬼□來争占，如/有此色，分付七十二賢神寸斬。然後永保子孫千/秋昌吉，千年不得動，万年不移。帝問誰為書，囦/中魚。誰為讀，山上鹿。鹿魚並无尋虜。急如律令。

　　地券從左至右换行書寫。

三、宋何大郎地券　天聖六年（1028）十二月十二日

　　維巨宋國江南西道建昌軍南城縣可封鄉／遂初里遶堆保歿故亡長者何大郎行年／八十五歲，扵天聖五年六月二十一日偶終于世。隣／里為之輟舂，耆宿為之哀悼。故有温良之德，伏／扵人忠孝之道符乎世矣！今謹備酒菓銀錢伍／阡貫文，就五土尊神、開皇地主邊永買得土名／屯嶺上丙向陰地一面。東止甲乙青龍之岡，南止丙丁朱雀／之峯，西止庚辛白狩之壠，北止壬癸威武之堂，中安戊己／拘陳之室。上止青天，下止黃泉。當中下穴四畔，若有靈／壇古器、珎珠寶玉，並属亡人所管，不干地神之事。其地／莫不峯巒偃附，印綬回還。為万代之吉墳，作千年之／富貴。於戊辰天聖六年十二月十二壬申日安厝訖，故立地／契為憑。見人張堅固，保人李定度，書人天官道士。

四、宋陳十七娘地券　景祐四年（1037）九月二十二日

維景祐肆年歲次丁丑朔九月二十二日／辛酉，謹有撫州臨川縣新豐鄉敬順里／黃源水西保殁故亡人陳十七娘，行年七／十歲。忽然二鼠侵根，四蚍俱逼，命落／黃泉，魂歸逝水。遂用金銀錢財扵五土尊／神及開黃地主邊買得宜黃縣待賢鄉／如意里土名白竹源流丙向地一墳。東止甲乙／青龍，南止丙丁朱雀，西止庚辛白虎，北止／壬癸玄武。上止青天吉星，下止黃泉水／口，中央戊己勾陳。當心下穴，永為亡人万年／山宅。急急如律令。見人張堅固，保人李定度，書人天官道士。

地券從左至右換行書寫。

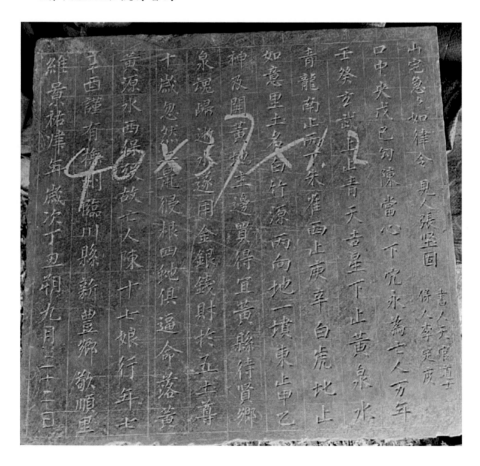

五、宋王汲墓誌　康定二年（1041）十一月二十六日

宋故承事郎、守太子中舍、知漢州雒縣事、騎都尉王君／墓誌銘／

吉水歐陽脩撰。／

王君之皇考曰贈衛尉少卿諱明藻，皇妣曰南充縣太／君胥氏。皇祖諱晃。皇曾祖為蜀合州刺史，諱福。君諱汲，／字師黯。娶胡氏，曰安之縣君。子男三人，女五人。男曰尚恭、尚喆、尚辭。初，天聖、明道之間，予為河南府推官。／王君寓家河南，尚恭、尚喆始肄業國子學，時時從諸生／請學於予。較其藝事，常為諸生先。而尚恭尤謹飭，溫溫有／儒者儀法，予固奇王君之有是子也。以故，與君往來。而／君性簡質，重然諾，好學，臨事而敏。與之游者，必愛其為／人。景祐元年，其二子者果皆以進士舉中第。予亦罷去，／不復會王君凡七年矣。而尚恭來請曰：「先君之喪／已逾葬，將以今年十一月壬申葬于河南府河南縣雒／苑鄉司徒里。宜得文銘石，以誌後世。」予嘗嘉尚恭而又／識其父之為人，廼次其事作銘以遺之云。／

惟王氏之先，長安萬年。四代之祖，刺史壁州。遭巢猾唐，／得果而留。卒葬西充，為鄉壁公。王孟有蜀，或家或祿。三／世不遷，自君東還。始居河南，廣文之生。舉三不中，任仕／以兄。主簿之卑，試原武密。晉城是令，政專自出。令政有／聲，遷理之丞。藍田夏雒，三邑皆聞。壽五十九，終中舍人。／在雒逢饑，哺粟不殍。褒能勤吏，天子有詔。雒人染癘，／恭之弗避。以死勤民，在法宜祀。刻詩同藏，維世之揚。／

僧惠月刻石。／

後世年遷神宅于洛陽縣賢相鄉上店村之西原，／以胡夫人合祔，實熙寧四年辛亥歲八月廿日。謹題。

六、宋楊日宣墓誌　慶曆四年（1044）十一月十五日

宋故朝奉郎、尚書職方貟外郎、知忻州軍州事、上騎都／尉、賜緋魚袋楊君墓銘并序／

將仕郎、守大理寺丞、充國子監直講范鎮撰。／

康定元年九月四日，尚書職方貟外郎楊君卒於忻州之官舍。於是，朝廷始用兵，忻州當夏賊東北，兵農賦／役最繁劇處，君處之沛然。疾已亟，猶能臥屏後聽斷，／決遣不少留滯。若君者，其可謂才矣。君諱日宣，字／垂裕。開悟踈達有器識，尤篤信義。大中祥符初，舉進／士，歷台州臨海、孟州河陰、益州新繁三縣主簿，光化軍／司户叅軍。用薦者狀，改著作佐郎，自著作佐郎五遷為尚書職方貟外郎，知汝州葉縣、許州陽翟縣、并州大通／監，通判并州，繇并州遂知忻州。所至，號稱有才，若今樞／密使杜公甞薦君才。嗚呼！君卒時，年甫五十三，不得盡其才，其命矣夫。贈太常丞諱遠，皇考也；刑部郎中贈光祿少卿諱克讓，王考也；大理寺丞贈祠部貟外郎／諱希言，考也。娶張氏，早亡，再娶丁氏，永康縣君。四子：曰／公衮，孟州河陰縣主簿；曰公亶，試將作監主簿；曰公辰、／公序，尚幼，皆有遠趣。二女：長適前進士任子良；次在室。／孫男一人曰仲昌。孫女二人皆幼。慶曆四年十一月十／五日，君之兄樞密直學士日嚴舉君之喪以葬焉。／

銘曰：楊氏世為關西大姓，君之五代祖家左馮／翊。自君之王父卒於河南，遂葬焉。今君又葬／于伊闕縣歸善鄉府下村，楊氏其復大於河南乎！／

弟將仕郎、守戎州㵮道縣主簿日永書，張懷慶刻。

宋故朝請郎尚書職方員外郎知忻州軍事上騎都
尉賜緋魚袋楊君墓銘并序
將仕郎守大理寺丞兗國子監直講范□□撰
康定元年九月四日尚書職方員外郎知忻州
之官合於是朝廷始以兵忻州當夏賊東北兵農賦
既不少留滯若君廳之沛然而疾已藝猶卧屏後縣斷賦
丈遠不少留滯若君廳之沛然而疾已藝猶卧屏後縣斷賦
君裕開悟跡達有器識尤篤於信可謂才矣君諱日宣初舉進
士歷台州臨海主州河陰益州新繁縣主簿光化軍
□官知汝州葉縣遷知忻州諱君字初舉進
司戶參軍用薦者改秩作佐郎自著三遷主簿光化軍
尚書職方員外郎卒時甫年五十三不能
監察御史杜公嘗歎君作監主簿君四子
傳□臺其命矣失贈太常丞遠皇考也刑部郎中
贈光祿少卿諱克讓王考也大理寺丞贈祠部員外郎
贈光祿少卿諱言考也妻張氏昊再娶氏氏永康縣君公庚
公哀尚甘有連趙女二人一時幼氏永康縣君公庚
公序孟州河陰縣主簿君諱誼公庚
男一人君之兄極客直學士君之裏以舉一在室
五日銘曰楊君氏世為關西大姓君之五代祖家左馬
孫男一人仲昌孫女二女長適許進士王次
孫自楊氏世為關西大姓君之五代祖家左馬
於伊闕縣歸善鄉府下村楊氏其復火於河南平
弟將仕郎守戎州犍道縣主簿□□書張懷慶刻

七、宋楊日休墓誌　慶曆四年（1044）十一月十五日

　　宋故承奉郎、守尚書省屯田員外郎、通判鄭州軍州事、上／騎都尉、借緋楊公諱日休，字垂美，河南人。曾祖遠贈／太常丞。祖克讓任刑部郎中，贈太常少卿。考希閔，／贈工部尚書。妣金城郡太君王氏。公尚書第三／子也，娶王氏，故大丞相、沂國公之妹，封長安縣君。／公聰明好學，臨事慷慨。經史百家，記問精博。踐場屋，士／流多其藝學。大中祥符八年，一舉登進士第，調壽州歷／城縣主簿，以幹能稱。外許憲司洎郡太守廉其狀而上，／歲餘，丁太夫人憂。制除，授汝州團練推官，計相貳／卿李公士衡知公之才，舉監漢陽軍榷貨務，代還，以／課最，改大理寺丞、知開封府酸棗縣。遷殿中丞，監在／京延豐倉，進太常寺博士，通判鄭州。明道改元，陞屯田員／外郎。二年正月五日，遘疾，終于官舍，享年五十二。／郊祀均慶，進階承奉郎，勳累遷上騎都尉。公中外歷任／僅二十載，潔身無玷，所至有聞，搢紳稱之。一女，適太／常博士錢明逸，後公一年而逝，弗紹臧孫之慶，可傷。／伯道之孤有婦已歸，無子為後，天不祐善，莫得而知也。／仲兄樞直大諫奉公之靈，卜慶曆四年十一月十五／日葬於伊闕縣歸善鄉府下村之塋，禮也。在中忝親久／矣，熟公聲猷，敢揚清芬，用垂不朽。登仕郎、前守／陳州西華縣令劉在中文。／

　　弟將仕郎、守戎州僰道縣主簿日永書，張懷慶刻。

八、宋王忠之父地券　慶曆四年（1044）十二月三日

　　慶曆四年歲次甲申十二月／三日，今有鎮戎軍人戶王忠奉為／亡父，今用錢万万九千九百九十九文，就／此黃天父、后土母、社稷十二邊買得前件／墓田，周流一傾。東至青龍，西至白虎，／南至朱雀，北至玄武。上至倉天，下至／黃泉，四至分明。即日錢才分付与天地／神明了。保人張堅固、李定度，知見／人東王公、西王母。書契人石公曹，讀／契人金主薄。急急如律令攝。

九、宋李氏墓誌　*慶曆七年（1047）十二月二日*

誌蓋正書三行：宋隴西／縣君李／氏墓銘

宋李氏封隴西縣君墓誌銘／

母姓李氏，世祖南京人也。父諱防，太宗朝舉進士／中第。真宗朝，先翁侍中罷政事之權，自尚書左丞／加刑部尚書，判河南府事。素知李公政譽，辟為留守倅，／公佐理之聲甚振。先翁以先人在諸子之中頗有孝廉／之望也，外祖以母氏妻之。母氏立性慈惇，為人溫厚，和／睦六親，秉持四德。生子三人：長曰維申，大理寺丞；次曰／維清、維甫，偕任右班殿直。女一人，適殿中丞、秘閣校理／王益柔。孫七人。先人自如京使任西京水南巡檢，在任／抱疾而亡。維清與兄弟姊妹俱幼，未理家事。母氏方年／二十九歲，守孤十九載，如先人之存焉。志不易矣！母氏／常自謂曰：「願多為人母，少為人婦。」在心之志，故不移焉。／結苦空之友，慕寂滅之道。晝則轉誦蓮華經，夜則行持佛／道。夫積善之著，不可盡而述之。何期天未垂鑒，禍已及／身。慶曆六年八月十六日，寢疾終于家，享年四十八。明／年冬十二月二日，丁亥歲，祔葬河南府偃師縣土南村／香谷里先人之故域也。嗚呼苦哉！謹述銘曰：／

痛哉慈母，育我劬勞。未報深恩，／昊天罔高。泉臺渺邈，風樹蕭騷。／死生之命，大數難逃。／

男維清撰并書題蓋。太原王易刊。

宋隴西縣君李氏墓銘

宋李氏封隴西縣君墓誌銘

母姓李氏世祖南京人也父諱防中第真宗朝先翁侍中罷政事之權自尚書左丞加刑部尚書判河南府事素知李公政譽辟為蜀守倅之聲甚振先翁以先人在諸子之中頗有孝廉為人溫厚和公佐理之望也外祖以母氏妻之母氏立性慈愽為人由火理曰睦親秉持四德生子三人長曰維清次曰維清柔孫七人先人自如京使任西京水南巡檢在任親甫偕任右班殿直安一人適殷中丞秘閣在任王益疾而亡維清與兄弟姝妹俱幼未理家事母氏方年四十八明抱疾而亡維清十九載如先人之存馬志不易為二十九歲守孤十九載道盡則轉誦蓮經夜則持佛常自謂曰願多為人婦在心故不易禍已及結苦積善之著不可盡而述之何期天奪年四十八明道夫人之友慕寂滅之道晝誦蓮經夜身慶曆六年八月十六日丁亥寢疾於河南府偃師縣土南村年冬十二月二日殯祔葬河南府偃師縣土南村香谷里先人之故域也
痛哉慈母育我劬勞未報深恩昊天罔高
死生之命大戮難逃風樹蕭騷謹述銘曰
男維清撰并書題蓋
太原王易刊

十、宋汪八娘地券　慶曆八年（1048）閏正月二十一日

惟慶曆八年歲次丙戌／閏正月甲寅朔二十一庚申，／大宋国江南道歙州祁門縣製錦鄉遏岑里偶今社女弟子汪氏八娘，／甲戌生，身故。因往靈山採／藥，尋遠壽之方，路逢仙人，飲酒／時沾一盃，不竟醉歸泉臺，後為致／死。今用錢綵酒買得龍子崽地一穴，永為亡人千年之宅。其地東止甲乙，南止丙丁，西止／庚辛，北止壬癸，中□戊己，並是亡人買下之地。／上止青天，下止黃泉。来時誰為書，水中雙／鯉魚。誰诵，天上鶴。鶴诵了，飛上天。魚／書了，入深泉。保人張堅古，見人李定／度。若有人来相借問，但来東海／邊。急急如律令。

地券藏安徽省祁門縣博物館。2014 年 11 月 20 日，祁山鎮春明村胥上組（胥嶺）村民潘永飛發現。長 44 釐米，高 39 釐米，紫砂石質。

十一、宋鄒氏墓銘　皇祐二年（1050）十一月二十六日

右側篆書二行：鄒氏／墓銘

有宋陳君夫人鄒氏／墓銘并序

從姪特□并書。／

夫人姓鄒氏，饒□干／越人，其祖考皆鄉之／敦朴有行耆老者也。／夫人笄而歸于□□／之陳氏，其夫雍乃特／之族從伯父也。以／夫人去世，思無以存／其婦行永而不□者，／故使特書石納諸壙／而誌焉。／

夫人秉溫柔端□以／為容而容愈淑，奉蘋／蘩絲枲以為功而功／愈專，不嘻誘詖□以／為言而言愈正，無剛／戾忌忿以為德而德／愈茂。女□□之行／所難，并而□□。／夫人獨成乎！性被乎／而陳氏閨門之內／教成而禮□者，／夫人助之也。皇祐二／季夏六月十八日，／夫人以疾終，享季五／十六。男五人：曰中孚；／曰琳；曰元卿；曰元善；／曰諤。中孚暨諤早世，／元卿舉進士科。女一／人，適進士許防。其季／十一月二十六日，葬／夫人於安仁縣長城／鄉虞塘里。銘曰：／

此逝千載而莫可追，／嗚呼！夫懷其義，子慕／其慈。所可寄之不朽／者，勒石而辭。

辜希古刻石。

十二、宋陶氏墓銘　皇祐三年（1051）十月六日

亡妻陶氏墓銘／

新泰楊畋撰。／

君實陶姓，作配楊氏。父／方母孫，教嚴禮備。君生乙巳，而／歿丙子。
稟寓太原，未即南徙。乙／酉歸洛，言陪祖迁。今／隨舅喪，西葬別園。皇祐
辛卯，上冬／甲申。素茵薄棺，窆于茲辰。今而／有知，其安爾眞。嗚呼！
性之純靜，／壽曷不永。行之婉淑，子奚不育。／天曰至仁，於君爲酷。邙
交瀍曲，／松楸始綠。君爲我先，寧校遲速。／

帝丘吳師孟書。

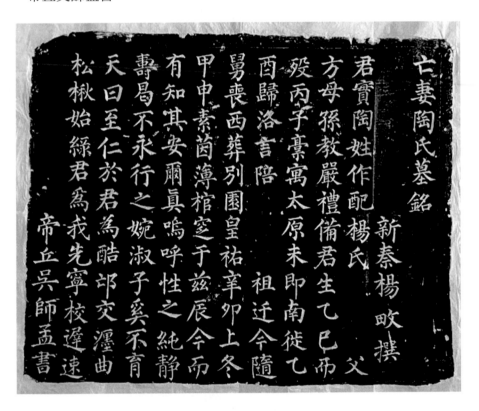

十三、宋范鈞墓誌　皇祐四年（1052）十二月一日

誌蓋正書三行：宋范／府君／墓誌

宋故范府君墓銘／

府君諱鈞，蘇州吳縣人，官為并州榆次主／簿，以景祐元年閏六月一日終于京師。皇／祐四年十二月一日，嗣子純誠奉／府君之喪，葬于河南萬安山朝邑府／君塋之側，夫人孫氏祔焉。府君之曾祖諱夢齡，事錢氏為蘇州糧料判官。慶／曆中，以從弟文正公貴，贈太保。祖／諱光謨，杭州餘杭令。父諱埴，即朝邑／府君也。純誠守蘇州長洲尉。次曰純讓，業／進士。女二人：長未笄而卒；次適河南呂周／士。銘曰：／

嗚呼！府君持心以仁，位不充，志惠／亡繇伸。積善有報，慶在子孫。

宋故范府君墓銘

府君諱鈞蘇州吳縣公官為并州榆次青

簿以景祐元年閏六月一日終于京師享

祐四年十二月一日嗣子純誠奉

府君之喪葬于河南萬安山

君瑩之側夫人孫氏從焉府君之

曾祖諱夢齡事錢氏為蘇州粮料判官慶

歷中以從弟　文正公貴贈太保祖

諱光讜杭州餘杭令父諱塤即朝邑

府君也純誠守蘇州長洲尉次曰純誠業

進士女二人長未笄而卒次適河南呂周

女銘曰　府君持心以仁俌不充志惠

鳴呼

亡縣伸積善有報慶在子孫

十四、宋任十一娘壙銘　至和元年（1054）七月二十四日

任氏十一娘壙銘并序 /

十一娘，任逵次女，母范氏。逵 / 倅晉日，許纓於光禄卿趙温瑜 / 少卿之愛子五郎。逵自廣安 / 軍守秩滿，丁 / 先君太傅憂于西京，十一感 / 疾而終，實太歲甲午仲夏三 / 日夜之四鼓也。十一生十四 / 年，幼慧端重，術者嘗以為貴。 / 今其亡矣，追悼摧淚。其季秋 / 七月二十四日乙酉， / 從太傅葬，附 / 曾祖中令兆域之右而安措 / 焉。銘曰： /

既纓且慧，俯筭云逝。 / 女胡徂哉，予悲之哀。

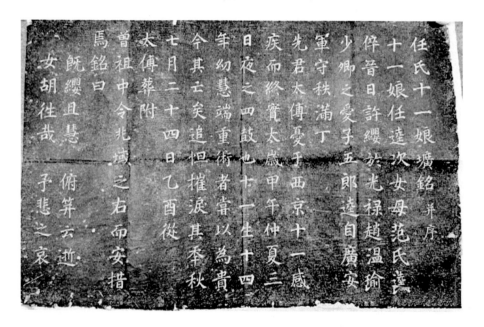

十五、宋任賽娘壙銘 至和元年（1054）七月二十四日

故任氏十五娘子壙銘／

禮有小殤之殺，喪有異穴之辨。盖古／與今通事也。河南任氏稚女曰賽娘，／慶曆丙戌季春上巳生扵洛城，時／先祖宮傅公謝政家居，愛而名之。歲／在己丑，父官于汝，從許倅之，辟裝且行。而稚女不幸病卒，樁斂西歸，塗扵／墅舍。今至和甲午秋孟乙酉，因／宮傅公新窆之葬，而以賽娘右附，故／阡實與堂十一姊同揩諸壙。酌古今／之義而耻其衷焉，嗚呼！稚女始嬰則／罕啼，漸孩則少語與戲，重然如成人，／門中皆谓超扵它輩，而竟以夭，痛乎／其難忱也。父尚書屯田負外郎迴，母／福昌縣君陳，兄二人，弟二人，姊三人，／妹一人。銘曰：／

尔相宜貴，尔數宜壽。慧報孔乖，神聰／可咎。哀兮莫及理也，寧究順安，斯藏／唯吉之就。

十六、宋葛氏墓誌　嘉祐五年（1060）九月二十日

額正書：故葛氏墓銘

宋故渤海高府君夫人葛氏墓誌銘／

姪承務郎、守太子右贊善大夫致仕、騎都尉密撰。／

有宋善族徽柔順婦葛氏，春秋五十有一，以嘉祐二年十／二月戊午寢疾，終扵江陰軍之里第，其孤曰遵謀協□□／用五年九月丙午，葬江陰縣化龍鄉之北原，／祔府君之舊塋，禮也。／夫人世居江陰，曾高遭唐季之亂，遁而用晦。祖諱彪，端拱／初，以齒以德，特賜爵扵／朝。父諱詳，以長者稱扵州里。夫人生十二歲喪母，哀恭與／禮陰合圖史，內外宗媚皆儀之。年十七，歸于渤海高昺。昺／舉進士，歿者二紀。時夫人年猶盛，母黨歆回其志，夫人／曰：「女子所取貴扵人者，以其能主繼而不虧大節。高氏子／孤且幼，使前人闕烝嘗之薦，所不忍聞也。」母黨咋舌，怓怓／不能奪。此其過人遠甚。有子男一人，方昺之卒也，遵始三／歲。長女適太廟齋郎樂渭，今尚書郎富國之子；次適天府／貢士錢乘，故給事中昆之孫。世伐高華，皆良匹也。遵以大／事不可不盡其志，餘烈不可不見扵文。葬既得宜，迺請扵／夫人兄之子以銘焉。密蹙然不敢讓，謹書銘曰：／

辭白日，即幽夐。寧神乎中兮，惟／夫人安宅。

故葛氏墓銘

宋故渤海高府君夫人葛氏墓誌銘

姪孫務郎寧太子右贊善大夫軄仕騎都尉□撰

有□善族徽柔順婦葛氏春秋五十有一以嘉祐二年廿

□陰氏□後床終於江陰軍之里其□勸道東陽□

二月氏九月丙午葬江陰縣化龍鄉之北原祔

府君之舊塋禮也

夫人世居江陰曾高遭唐季之亂道而用悔祖諱彥端拱

初以齒德特賜爵祿之長者稱於州里夫人生十二歲喪母哀恭性

朝文詳以圖史內外宗婣皆以長者儀之年十七歸于渤海高晁晁

禮隆合□□□□□□母黨歆回其志夫人

吳進士先歿者二紀時夫人年猶盛繼母黨歆而不屬大卹高氏子

曰女幼子兩取貴於人者以其能主繼母黨咶咋始三

不菲舉此過人之遠甚有子男一人方昺之卒也尊始三

孤且使前人關丞嘗之蔭今尚書郎富國之子次適天府

鴦長女適太廟齋郎樂謂今尚書郎良匹邁以太府

事不可不盡其志餘列不可不見於文孫中昆之子以太

夫人兄之子以銘密盡然不敢讓謹書銘曰

銘白曰　即幽穸

夫人安宅　寧神乎中乎惟

十七、宋宗室宗望夫人張氏墓誌　嘉祐五年（1060）十月三十日

皇從姪右武衛大將軍、道州團練使、清源郡公宗望故夫／人永嘉郡夫人
張氏墓誌銘并序／

翰林學士、朝散大夫、行尚書兵部貟外郎、知制誥、判昭文館、勾當三
班院、騎都尉、長樂縣開國男、食邑三百戶、賜紫金魚袋臣賈黯奉勑撰。／

翰林書藝、御書院祇候臣武昌奉聖旨書。／

夫人姓張氏，贈太師、中書令、兼尚書令、徐國公福之曾孫，／徐國公
耆之第二十二女。母曰韓國太夫人馬氏。以景祐／三秊八月歸于清源郡公宗
望，始封平原縣君，俄進封安□郡君。至和三秊八月遘疾，終於邸第。追封
永嘉郡夫人，／□秊三十七。上命內侍治喪逾月，权厝於／□師普濟佛寺。
夫人性沉厚，言語、動作皆不妄。明達喜／□學□□□薦享必躬滌濯之事。
初，清源公欲舉祖妣／王夫人襄事，用度未給，以語夫人。夫人忻然盡出奩
中玩／飾物，以資其用。清源公實／太宗皇帝之曾孫邢文惠王諱元傑之孫也。
六男子：仲部、／仲嘉皆千牛衛將軍；仲炎、仲峭右監門衛率府率；餘早卒。
／五女：長適左班殿直李天益，封南陽縣君；次適左班殿直／李庠，封華容
縣君；次竝早夭；一尚幼。嘉祐五年七月乙酉，／歸葬于河南府永安縣之新
塋，禮也。爰／詔內庭勒銘墓隧，銘曰：／

於穆夫人，徽柔淑茂。室家是宜，／姻族歸厚。德充於容，宜貴而壽。
／不偕於老，安歸其咎。

玉冊官臣陳永宣、臣李仲宣鐫。

十八、宋王大娘地券　治平元年（1064）

維治平元年甲辰歲，大宋国江南道歙州／祁門縣德廣鄉万石里福田社女弟子／王大娘，年七十五歲身故。因往靈山採／藥，尋遠壽之方。路逢仙人，賜酒一盃，不咎，／致死不迴。當用傷酒甫，買淂龍子／崑地一穴，干作丙向。其地東止甲乙，南止丙／丁，西止庚辛，北止壬癸。来時誰為書，水中／魚。誰為講，天上鶴。鶴誦了，飛上天。魚／書了，入深泉。保人張堅固，見人李定度。／若有人來相見，但來无極天邊。／急急律令。敕。

地券藏安徽省祁門縣博物館。長 37 釐米，高 37.5 釐米，紫砂石質。

十九、宋鄭氏墓誌　熙寧四年（1071）十二月十六日

額篆書五行：仙居／縣太／君鄭／氏墓／誌銘

仙居縣太君鄭氏墓誌銘／
鍾陵潘興嗣撰。／
　　故賀州桂嶺縣令、贈右諫議大夫周府君之配鄭氏，其先成都人，左／侍禁諱璨之女，兵部郎中、龍圖閣直學士諱向之妹，實為名家。府君／諱輔成，舂陵人。祥符九年進士及第，居官有清節。夫人左右君子，衣／弊飯蔬，忻忻如也。性慈惠平一，喜為陰德事。生男曰惇頤。女曰季淳，／嫁進士陸若渝，周歲而亡。惇頤幼孤自立，好學不群。府君之歿，夫人／攜其孤歸舅氏，舅氏愛之猶己子。既壯，行義名稱有聞扵時。夫人壽／五十五，景祐四年七月十六日卒，因葬于潤州丹徒縣龍圖公之墓／側。後二十季，水壞墓道。惇頤以虞部郎中為廣南東路提點刑獄，乞／□南康軍。遂遷夫人之櫬，窆于□州德化鄉廬阜清泉社三起山，熙／寧四季十二月十六日也。夫人贈仙居縣太君。有幼孫二人：曰壽；曰／燾。皆爽邁與群兒頗異。曾孫蕃孝敏好學，力幹襄事，志識殊遠，善慶／之餘也。周氏其興乎，抑其陰德之所及歟！虞部君語予曰：「吾後世子／孫遂為九江濂溪人，得歲時奉夫人祭祀，亦無憾矣。子爲我銘。」銘曰：／
　　節儉起家，其祉則蕃。厥蕃維何，／不在其身，在其子孫。／
　　眞陽石汝礪書并篆。

仙居縣太君鄭氏墓誌銘　　　　　　　　　鍾陵興嗣　撰

故賀州桂嶺縣令贈右諫議大夫周府君之配鄭氏其先成都人也

侍禁諱璠之女兵部郎中龍圖閣直學士諱向之妹實爲名家婦易

諱□氏春陵人祥符九年進士及第居官有清節夫人左右君子衣易子溥

藥飯蔬忻忻如也性慈惠平一喜爲陰德事生男曰博頤女曰季淳夫人

嫁進士陸若渝同歲而亡博頤幼孤自立好學不群府君之歿夫人壽

鶴其孤歸舅氏舅氏愛之猶己子既壯行義名稱有聞於時則蕃

五十五景祐四年七月十六日卒因葬于澗州德化鄉廬阜清泉社三起山熙

寧四年十二月十六日□贈仙居縣太君有幼□二人曰壽曰

彙智藥邊與群兒頗異曾孫蕃孝敬好學力幹義事志諱殊遠善

孫逐爲九江濂溪人得歲時奉夫人祭祀亦無憾矣子爲我銘曰

之餘也同氏其興乎抑其陰德之所及歟虞部君語子曰吾後世子

即倫起家　在其子孫

不在其身　廟蕃維何

眞陽石
汝礪
書并篆

二十、宋李孝基墓誌　熙寧十年（1077）二月十五日

　　故朝散大夫、守光祿卿致仕、上護軍、贊皇縣開國子、食邑六百户李公墓誌銘

　　從南第二棺。/

　　廣平程顥撰。/

　　清原王慎言書并篆蓋。/

　　有宋清德君子光祿李公，以熙寧丙辰孟秋庚辰終于西京之里第。越明年仲春丙申，葬於河南縣龍門村之先塋。前/期，其孤以狀來請銘。予謂：「古之人有一切一行，可以矯時礪俗者，皆得載于文章，傳信後世。或使之泯没不顯，則當時/記善之士為有罪，況如公之賢當書者，豈特一二而已。則誌其墓也，予宜無辭。」謹按，李氏之先，本燕人。公之五世祖，用/武略為將帥，始遷濮，今為鄄城人。藝祖時以儒顯建策，取湘南有功，諱令珣者，公之高祖也。曾祖蔡國公諱護，祖/鄭國文定公諱迪，贈官皆太師、中書、尚書令。考懿靖公諱柬之，贈太子太傅。妣安定郡夫人高氏。自宋之興，李氏多顯/人，文定公翊輔兩朝，稱為賢相，故其族為天下望。公諱孝基，字伯始，懿靖公之長子也。神宇粹清，瑩若冰玉。雖居/養富貴，而操尚清苦，逾於寒素之士。少師文正范公、泰山孫明復，二公深相器重。公於治學，精力絕人，有所未達，夜以/繼日。故能博涉，無所不通。雖數術、曲藝，亦臻其妙。慶曆中，舉進士高第。仁宗召至墀下，注視久之，喜謂宰相曰：「此/李某孫邪？能世其家，可嘉也。」始以文定之貴，任為將作監主簿，用年勞汎恩，十四遷而至光祿卿。其職事嘗監寧陵倉/草場、在京延豐倉、知潁州汝陰縣、通判閬州，又知開封之雍丘、通判舒州、知隨州，兩監嵩山崇福宫，判西京國子監，遂/致其仕。後五年而終，享年六十一。其道雖不大行於時，然所居之官，皆有功利及物。其治，主於清淨不撓。故去，常見思。/在汝陰時，朝廷懲甘陵之妖，大索邪學。部使者督治過急，郡縣多羅致疑似，以避禍取賞，邑人株連者甚眾，公曰：/「是皆愚民，情非大惡。」力為平理，得無冤人。閬中江水大上，城且没，捍守者皆散走，郡將召公歟去。公曰：「孰當救斯人邪？」/獨率所部，冒險而進，決水射旁谷，城獲存，所全活者蓋十餘萬計。舒吏受賕，誣平民以殺人，獄具將決。公察其冤，力與/守爭，留之三日，果得其情，吏皆伏辜，一郡大驚。邑豪有世殺人以祭鬼者，賂交上下，故前政莫能

發，公窮治而誅之，人／以為神。公久於從政，善事藉藉，舉是足以觀其槩矣。公之居己待物，一於至誠，中懷洞然，無有疑間。而剛正嚴潔，不苟／去就，非其義思，不以一毫屈於人。晏元獻公嘗薦其文，宜在書舘。時相有欲恩出於己者，使召公，公曰：「朝廷名器，／可私請邪？」終不往，事遂格。其不能與時俯仰，類如此。年纔四十餘，求為西洛散官，以便奉養。三居閑曹，前後積十歲。懿／靖公既告老，公亦還政於朝，父子同歸。士大夫高其風，播於詠歌，以比漢之二疏。少時，嘗召試出身，力推與其弟。有宦／未達者，復辭官與之。居家，未嘗自名一錢。所得俸祿，薄於自奉，盡斥其餘，以贍中外親戚之乏。捐館之日，惟有書數千／卷。公雖退處在外，特為天子所念。李氏有進見者，上徃徃置所論事，而訪公動止，形於咨歎，謂其度越常人。／或惜公之材，將請復起公。執政有知之者，曰：「是真無心者也，豈能洮以事邪？」其為朝廷信重如此。予於公為姻家，／又素相愛，知之宜詳。公之高情灑落，抗志物外，似欲與世俗相斷絕。及聽其言，則不詭於聖賢；質其行，則不離乎倫理。／恭儉好禮，動以法度；持喪過哀，毀幾滅性。於名教之分，無少出入。晚節益自晦重，獨處一室，凝塵滿席，隱几默坐，殆忘／其形骸，雖交親罕見其面。閒或與人語當世事，預處成敗，明於目覩。有疑而問之者，曰：「吾未嘗留意於此，豈久靜而明／邪？」論者徒見公絕聲色，薄滋味，病則練氣辟穀，翛然終身。因謂其專方外之學，非儒者之事，不知公之所自得者，乃如／此也。公少負其材，有大志，又席累世貴盛，早得美仕。以文學行治，高於一時，賢公鉅儒，爭相薦藉。當是時也，第委蛇緩／步，便可視公卿為己物，及有所不合，遂為高世絕塵之思。不忍以外物之輕，易奉親之樂，盤桓冷官，乃謝政事。視去軒／冕，輕於鴻毛，是豈不誠丈夫哉！公未病時，預計死期，悉以先世書付其家人。病既革，謂其子曰：「吾今且死，而心泰然，由／吾平生無所愧負爾。死生常理，無足怛也。」將絕，猶視瞻閑，語言如平時。噫！死，大變也。彼猶不以累其心，況區區之得，／喪乎夷惠之節，古以為百世之師。聞公之風者，獨不可以激貪吝而礪鄙薄歟。公兩娶馬氏，都官外郎僅之女，前夫人／封彭城，後夫人君宣城。子偲，沂州防禦推官。四女，今俱亡。仲適國子博士孫純，季適試校書郎陳知立，其二不及嫁。二／孫：旦試校書郎；昱試將作監主簿。公之葬，二郡君之喪實祔焉。銘曰：／

遺榮忘勢貴之極，絕貪好施財之殖。／知死不懼勇不惑，求仁而仁志斯

得。／清風高節死不亡，全是而歸學之力。

　　張士廉鐫。

二十一、宋李孝基夫人馬氏墓誌　熙寧十年（1077）二月十五日

宋故彭城郡君馬氏墓誌銘并序

從南第三棺。／

提點夔州路刑獄公事、尚書職方郎中李孝孫撰。／

夫人馬氏，其先出扶風，後因徙居濮陽，遂為鄄城人。曾祖應圖，／澶州頓丘令，贈給事中。祖元方，忠實沉敏，事太宗、真宗，／嘗為三司使、樞密直學士、兵部侍郎。後為并州，終，贈吏部尚書。／父僅材，行修飭，嘗奏文中等，賜進士第，終都官員外郎。夫人即／都官之次女也，在家事父母以孝聞。年十六，歸于光祿卿李公／孝基。時予家相國再秉政，摠諸屬于京第。而夫人執婦道，睦親／族以和，接上下以禮。朝夕承事肅然，未嘗有懈容，閨門間所舉／皆有儀範。光祿侍相國左右，夙夜強學。夫人執詩書，視翰墨，能／孜孜不倦。及光祿預賢能之薦，揚于王庭，決策高第，聲華籍甚，／亦夫人昔之內助也。以康定元年六月二十一日終于京城私第，享年二十三。後八年，光祿乃策名登朝，而夫人不得均此顯／榮，亦命也。已生二女：長曰評姐，早夭；次適國子博士孫純，亦亡。／初，慶曆戊子歲，始歸葬夫人于鄄城先兆。又三十年，乃贈夫人／彭城郡君。而光祿公終于西京，夫人歿，繼室以夫人女弟，生子／偲。後改祔夫人于河南府河南縣龍門村光祿公新塋，時熙寧／十年丁巳歲二月丙申也。孝孫幼授學于光祿公，未嘗遠離友／愛，故詳覩夫人柔令之德，宜為之詞，以藏諸幽。銘曰：／

嗟嗟夫人而不永其生，／來嬪大族而不觀其成，／克助君子而不享其榮。／作為斯文，以告諸冥。

男偲書丹。

宋故彭城郡君馬氏墓誌銘并序　　　從南第三槨

提點夔州路刑獄尚書職方郎中李孝稱撰

夫人馬氏其先出扶風後居濮陽濠梁葛城之典祖膺圖

夔州頓正令贈給事中祖元方忠實沉敏敬事

嘗領三司使樞密直學士兵部侍郎後為知州終太宗真宗

人佳趍往任

又佳趍往任

朝廷之休也在家事父母進士弟終都官員外郎夫人印

都官之次女也世為孺子光祿卿李公　　　　　　　　　

夫基時李家相國專政愁諸為于京城私第道睦親

族以和接上下以體朝夕承事肅眡宋夫人執詩閨閣間所牽

皆有儀範光祿侍相國左右威夔夫人執詩朝蹋墨能

故敬不優殊光祿頗賢能之萬揚于王庭決策高第舉朝皆

而夫人皆之內助也以廉茂元正六月二十一日終于京城私

第真年一十三俊朗乃榮名登朝而夫人不祿均此願

軍府事也巳生二女長曰早天次適國子博士孫純而云

萊前府戊子而光祿公終于西京夫人段雜室以亮人第生子

補城郡若夫人於河南府河南縣龍門村先妣徐公未曾東雜女

　　　　惚後改謝而夫人殂其後幼擇學于光祿公未曾東雜女

　　　　歲二日丙申也孝孫

　　　　　　夫人秉令之懿宜焉之詞以藏諸幽銘曰

　　　　　　　嗟嗟淑人而不永其生

　　　　　　　　　　　　　　　　　　男思書丹

愛故詳龍光助君子而不覩其成

十年丁巳克助君子而不覩其榮以告諸冥

作銘斯文以告諸冥

二十二、宋汪二娘地券　元豐三年（1080）三月二十一日

　　維元豐三年歲次庚甲三月庚辰朔廿一日甲申，南／瞻部洲大宋国江南道歙州祈門縣製錦鄉和光里新／義社坊市居住女弟子汪氏二娘，元已未年十二月十九日癸／丑身故，往龍子□尋遠壽之地。應于山人迁取，□山／丙向，迁葬其地。東止甲乙，南止丙丁，西止庚辛，北止壬／癸，中止戊己。上止青天，下止黃泉。千年之宅，万年□□。／男争奴，女占婢。千年萬歲不得侵，万年不獲□□□。／見人張坚姑，保人李定度，書人水中雙鯉魚。□□□□白鶴，／白鶴讀了，飛上天。魚書了，入深泉。□□／府人来相則問，但来無及天邊。／急急如律令。敕。

　　地券藏安徽省祁門縣博物館。長40釐米，高46釐米，紫砂石質。

二十三、宋蘇淑墓誌　元豐三年（1080）十月二十六日

誌蓋篆書三行：宋故夫／人蘇氏／墓誌銘

宋故夫人蘇氏墓誌銘／

通直郎、充集賢校理蔡京撰并書。／

夫人諱淑，字季顯，姓蘇氏。其先洛陽人，大理寺／丞諱諫之女，建州關隸縣令諱政之孫，贈尚書／駕部郎中諱昌嗣之曾孫，應天府戶曹叄軍、清／源蔡君礪之配也。夫人年二十二嫁，中外族／媌稱其惠和。其夫亦曰：「於吾能有攸助。」夫少以／文學氣節自負，舉進士，連上不中第，意不自得，／屏居於宛丘之南，往來田畝間。夫人從之，無／不足之色。如是者十餘年，夫始仕為西京鞏縣／主簿。相與之官，過京師，夫人以疾卒，時熙寧／十年十一月十一日也，享年甫四十。嗚呼可哀／也已！子男二人：曰雲；曰需。女五人。以元豐三年／十月二十六日甲申，葬夫人于潁昌府陽翟／縣大儒鄉東吳村之原。銘曰：／

猗夫人，有令質。淪幽泉，／背昭日。金山陽，柏原鬱。／從先舅，安斯室。

中書省玉冊官王磐鐫。

宋蘇

氏夫人墓誌銘

夫人諱淑字李顯姓蘇氏其先洛陽人大理寺
丞諱諫之女建州關隸縣令諱政之孫贈尚書
駕部郎中諱昌嗣之曾孫應天府戶曹參軍清
源蔡君礪之配也夫人年二十而嫁中外族
姻稱其惠和其夫亦曰於吾能有俟助夫少以
文學氣節自負舉進士連上不中第意不自得
屏居於宛丘之南徙來田畝間夫人從之無
不足之色如是者十餘年夫始仕為西京鞏縣
主簿相與之官過京師夫人以疾卒時熙寧
十年十一月十一日也享年甫四十鳴呼可哀
也巳子男二人曰雲曰需女五人以元豐三年
十月二十六日甲申葬夫人于潁昌府陽翟
縣大儒鄉東吳村之原銘曰

騎都尉夫人　有令質　　淪幽泉
背昭日　　　金山陽
從先男　　　柏原鑾
安斯室

中書省玉牒官王瑞編

二十四、宋孫杲墓誌　元豐六年（1083）八月二十四日

誌蓋正書三行：宋大理／寺丞孫／君墓銘

宋故臨河居士、贈將仕郎、大理寺丞孫君墓誌銘／

元豐六年秋，樂安孫求祖脩卜襄事於京兆萬年洪固鄉宣陵之北原。／前期，以孟君之狀敘其祖府君之行實，寓書于友人黃州黃陂令河／南李籲曰：「吾與子中外是親，且與子同師友有日矣。固知我家事，□有以／銘之。」籲以祖脩之賢義，有所不得避，愚而不文，其可辭乎？因敘其事曰：／謹按，居士世為澶之臨河高陽鄉無為里人，後居京師，自號臨河居／士，示不忘先也。嗚呼！篤厚敦夲之士歟。末世趨勢之徒，慕南而恥北，愧楚而／附燕者豈少哉！居士當時居勢力之地，不知有此意也，知不忘先／而已。其篤厚敦夲之士乎！居士諱杲，字景叔。祖遠不仕。父儼博／學，以經術教導鄉里，學者親之，至百餘人，間多取顯仕。至如□忠懿公，少／時亦從學。及在清顯，方有以薦其行，以卒不果。居士次子也，為人質／厚，淳篤好施，亦以家學授人。其居父喪，刻苦有孝節，父之門人為之不去。／博學多能，其字書素能學歐陽率更，楷隸倣孟東野之為歌詩。然不樂仕／官，萊公每稱賞之，謂其有父風。景德中，澶淵之役虜寇將至，學者散矣。不／得已，徙居京師。長兄清先已遷楚，而叔意登進士弟，又官南方，遂居高郵，／皆娶不返，其季亦以早卒。慨然念兄弟漂零，門人無幾，遂無歸志，而終身／不忘臨河之號。其篤厚敦夲之士乎！其後，長兄居楚十餘年，累貲巨萬。一旦相遇汴上，執手哭／曰：「吾無子，且將以家事属爾。」居士弟慰安其兄／以歸。後兄卒，人或勸行，曰：「兄歿矣，吾不忍徃。」終不行，此亦人之所難也。／居士有子曰厚，早夭。次曰京，景祐中登科，知邛州火井縣。迎之官下，以寶／元元年感疾，卒于子之官舍，享年六十九。治平中，以子登朝，贈大理寺丞。／娶楊氏，提點中書五房公事文質之妹，追封孝感縣太君。聰明曉音律，先／居士三十五年而卒，時咸平四年也。居士葬實八月下旬之丁酉。子／京以太子中舍致仕，卒。孫男一人，求也。樂善有文，操節自守，篤學不懈。曾／孫三人，男曰虎。銘曰：／

居士世儒，國里所賓。延徒絃歌，翔登搢紳。雍雍素風，河衛之濱。／以難去國，墻屋是湮。久且不忘，學士之仁。顧瞻周原，窀穸惟新。／有卜有禮，緊此棘人。後世之伸。

宋大理寺丞孫君墓銘

二十五、宋彭希夫人張氏墓誌　元豐八年（1085）十二月一日

誌蓋篆書四行：宋故德／安縣太／君張氏／墓誌銘

宋故彭夫人墓誌銘／

朝請郎、試尚書吏部侍郎、護軍、江陵縣開國／子、食邑五百户、賜紫金魚袋熊本述。／

承議郎、上騎都尉、賜緋魚袋陳睎書。／

夫人姓張氏，饒州鄱陽人。父諱知進，母阮氏，皆有賢行，里閭稱之。夫人天／性婉淑，識慮過人。未笄，歸同郡故贈朝奉郎彭公諱希。逮事祖舅、祖姑、皇／舅、皇姑，夫人承上接下，盡禮而必誠，施及旁側，無有疑閒。朝奉公明敏剛／果，趨守難犯，夫人躬執婦順，終身未嘗忤意。尊章待之如子，一以內事付／之。祖姑年高多病，夫人調護悉力，祖姑賴以為安。舅侗儻喜賓客，相遭說／懌，則與之以歸，夫人迎意饌具，無不沾洽。後數年，祖舅卒，舅客京師未歸，／鄉人以其家之窘為憂。夫人勤勞夙夜，左朝奉公以畢大事。因卜居郡城，／更治生計。有子稍長，即使之從學，價先珥以資其費。既而諸子之業大□，／四方賢豪日至門下，夫人又率諸婦躬庖廚以厚客。治平初，次子承議以／文學擢進士弟一，推官接跡，又登集英甲科，於是彭氏之望著於天下，夫／人之力多焉。承議為監察御史，恩封夫人德安縣太君。屢請補外以養，朝／廷屬以使節，久之未召，而家多憂患，識者歎焉。然夫人幼喜佛書，至老益／悟理性，受持誦說，或不暇食。稍閒，則燒香宴坐，目光清淨，有如嬰兒，其於／天下之故，無一能累其意者。數語承議提身行己而已，終不以外物為問。／承議或以過答挫吏卒，夫人輒不樂，徐以寬大諭之。元豐八年五月，陝西／賊王沖略金州境中，承議當往督捕，時夫人已病，承議涕泣不肯行，亦不／敢告。夫人聞之，曰：「此公義也，詎可以私憂廢耶！亟往，毋苦我。」承議不得已，／遂行。明日己亥，疾逾甚，顧諸孫，使誦阿彌陀佛名號，皆辟不能。夫人笑曰：「／爾不能，我則能之。」遂起，合指爪，反復誦數十而臥。庚子，卒于寢，享年七十。／遠近聞者，無不隕涕。夫人四子：長汝舟，有文行，未弟而卒；次汝礪，承議郎、／提點京西南路刑獄公事；次汝霖，瀛州防禦推官、知虠州錄事參軍；次汝／方，未仕。女三人：長適宋必，早亡；次適進士王之翰；次許嫁奉議郎吳宰，未／行，亦卒。孫男七人：曰仔、曰侗、曰仲、曰偶、曰修，余尚幼。女四人：長適吳材，次／適史遠，

皆端士；餘亦幼。以十二月辛酉，歸祔於鄱陽縣牛首山朝奉公塋 / 之右。初，夫人兄弟五人皆早世，阮夫人老，迎養于家，奉侍卒葬，孝愛備盡。 / 又其歸也，朝奉公諸弟皆幼，夫人長養成就，惠均姑氏。它日眾娣或不能 / 盡先後之禮，夫人隱忍不校，終以說服。至今江鄉詠歎不絕。惜夫年不至 / 於期頤，而襃封未稱，奄忽棄背，良可歎也。余於承議仍世有好，去年過襄 / 陽，得拜堂上，夫人見之喜笑，勞問纖悉，已而曰：「勉旃公朝，勿忘吾兒也。」余 / 竊怪之。後數月，夫人果不起。承議以書走京師，使為銘文，余惟夫人慶善，/ 固知之詳矣，而思前日之語，重以潸然，此其不敢以鄙陋辭也。銘曰： /

猗□（嗟）夫人，維女士兮。躬載福祿，成夫氏兮。 / 門有榮光，養以志兮。縱心順命，能無累兮。 / 興言慈尊，瞻佛佗兮。撥置諸緣，欻然逝兮。 / 礱石礱丹，□□□□。□之千載，詞無媿兮。

錄文參考何新所：《陳晞篆書〈宋故彭夫人墓誌銘〉疏證》，《古籍研究》2017 年第 1 期。

二十六、宋孫昱及夫人韓氏墓誌　元祐元年（1086）三月十五日

誌蓋篆書四行：宋故虞部 / 郎中孫公 / 及夫人韓 / 氏墓誌銘

宋故虞部郎中、判西京國子監孫公及夫人韓氏墓誌銘 /

通議大夫、試工部尚書、樂安郡開國侯、食邑一千三百戶、食實封三 / 百戶、上護軍孫永撰并書。 /

朝散郎、上騎都尉、賜緋魚袋韓渥篆蓋。 /

公諱昱，字子明，世趙人。自公之伯父給事中、集賢院學士諱冲，仕顯于世。葬 / 其考妣于汝州襄城縣，遂為襄城人。公以給事公任為試將作監主簿，初調荆 / 門軍司法糸軍，後歷永康軍導江縣主簿、秦州右司理、邢州任縣令。舉監環州 / 折博務，課入增羨，改衛尉寺丞、知京兆府櫟陽縣、簽書安靜軍節度判官廳公 / 事、通判隰莫二州。莫以親嫌不赴，簽書太原府節度判官廳公 / 事、知成州、判西 / 京國子監。以元豐二年終于唐州舊第，實元豐二年六月十八日也，享年六十 / 四。娶太常少卿韓公諱昌齡之孫女，封壽安縣君，後公八年而卒，享年七十。子 / 六人，五早夭。完，廬州舒城縣尉。女六人：適東頭供奉官常知明；次適進士王瑜； / 次適進士張翊；三未嫁而卒。曾祖諱呂，隱德丘園。祖諱澄，以給事公貴，累 / 贈工部尚書。父溥，累贈衛尉卿。其孤完卜得丙寅三月十五日壬申，舉公及 / 壽安之喪葬于河南府河南縣賢相鄉杜澤里北丘之原。公明習法令，所至有 / 愷悌稱。始終無毫髮過失，讞獄尤精明。在梓州，朝廷以昌州富室鄭氏有幼 / 子隨母出外十五年，父死，諸兄誣以非鄭氏子。五經州縣，三被朝旨推究，幼 / 子竟不得直。寒饑且濱于死，再擊登聞皷。事下李道，使者委公窮治。公一問情 / 得，不數月，獄成，兩川之人驚公明達且云，微公，幼子不得為鄭氏子矣。後知成 / 州，州富民柴氏之子恃高貲，肆為不法，持把官吏過失，官吏畏縮，不敢繩以法， / 兄弟凌蓋一州。公下車未幾，即摘其前後過惡，正其刑，配隸遠方。隰川郡有楊 / 居士者隱晦自高，公厚禮之，常幅巾終日高談，語不及他。歷官自衛尉寺 / 丞八遷至虞部郎中。公扵永為從叔父，少同學，以善相告。長從官，以義相飭。而 / 公之性簡靜沉默，如不能言者。及其見扵用，雖明敏強力之吏，其措注施設，皆 / 不能出其前，而未甞自見扵言。嗚呼！真古之君子哉！將葬，其孤使來請銘，銘曰： /

幼自立，壯則仕。裕于人，廉在己。知所守，本愷悌。 / 昌之獄，有鄭

氏。賂買直，誣厥子。淹其期，更累歲。／隱不申，窘將死。公一問，判厥事。提弱子，正姦吏。／官五品，守亦貴。壽六十，夭非是。唯其報，嗇不至。／泉有銘，信後裔。

　　王誠、王震摸刊。

二十七、宋康居甚地券　元祐元年（1086）三月十五日

　　維元祐元年三月十五日，／亡人康居甚秦州隴城寨／亡過人，乞幸早終。今用錢九万九千九百九十貫文／買墓地一段。東至青龍，／西至白虎，南至朱雀，北／至玄武。保人張堅固，見／人李定度。已後不得有／侵，先有千之。急急。康信記。

二十八、宋葉氏墓誌　元祐元年（1086）六月二日

宋錢唐縣君葉氏墓誌銘 /

試太學正晁補之譔并書。 /

元祐元年夏六月戊子，補之從父朝散郎、太僕寺丞以母夫人壽 / 安縣太君公孫氏喪去職，將以其遠日歸柩魚山，祔舒州府之 / 兆，問吉于史，史曰：「天廐在日辰加大明，七月癸酉葬，不觸禁，無有 / 後艱。」先是，太仆之夫人葉氏以元豐三年七月壬戌卒。太僕泣語 / 補之曰：「昔我不天，先君棄諸孤，諸孤尚幼，所與朝夕事吾母。吾母 / 安之，意不知有貧賤之憂者，實葉夫人予助。」將并舉其喪扵魚山， / 諸父咸曰：「宜尓銘。」補之尚安得辭。謹按葉氏江南大姓，自縉雲徙錢唐，有諱曖者，舉進士，晚淂桂州司法叅軍以卒，贈光禄卿。二子，/ 昌言、昌齡同年進士，皆以朝奉大夫老於家。夫人父兄也。光禄殁，/ 時夫人未筓，事母萬年縣太君宋氏，能致其孝而扵二兄順。資慧 / 淑有高材，篤學不遑暇家事。夫人躬儉菲，致其美以養。少有，則以奉 / 宗黨賓客。故太僕淂一意於業，遂中甲科，成令名。壽安蚤多疾，夫 / 人侍側，不以勞劇懈。至已有疾，不欲以憂壽安起居，笑語如平時。/ 竟以殁，淂年四十有七，追封錢唐縣君。四子：損之、臨之、晉之、澳之。/ 一女，未嫁。補之聞卑不誅尊，雖然婦人無外事，非在其家人，孰从 / 信之。故粗譔所知，以成太僕之志而慰其子之思。太僕兄弟伯仲 / 叔季以四端名，皆冠以端，太僕伯也。因使後有攷云，銘曰：/

蕙茝可充帷，誰使有此丰也。椅梓則為器物，各求所同也。錡釜以 / 湘之，又甚宜其宗也。副笄其委佗，獨不見此容也。魚山兮岑岑，屬 / 緶兮可及。深松為城兮石馬，吾宫旁兮乘者下。下作好歌兮以謂来 / 者，為可窮兮如此大野。

少府監玉冊官王碏刻。

宋錢唐縣君葉氏墓誌銘

貳太學正晁

補之譔并書

安縣太君以城將沂其遠可歸樞蒿山新舒州府君之壽

兆問吉于史史曰天遠在日辰加大明七月癸酉葵不觸褻無葰

陵艱先是太傑七夫人葉氏以元豐三年七月壬戌卒母吾傑注塔無語

補之曰窒我不天先君棄諸孤尚苃所與吾重吾母歎塔萬山

諸安君咸曰寘江葉諸夫人于助將并舉其塔於萬山

昌唐有譚暖者進士皆以朝君宋氏骸致其孝而杭父並贈光

時夫人未萁車母萬年縣太夫人以平父兄傑太傑少慧

洲慕祖晋桌類女之事者無工年一十一來頻太傑以奉少有則以養

有高材篤學不遑暇子之家事人躬二十有疾不欲以褻居年多疾壽夫

人侍側不以勞劇懶至已有疾逢中甲科成令名壽安趂居之語如平時

黃以璜得年四十有七追封唐縣君四子之臨之喜在其家人典外事非在其家

一女未嫁補之聞不謀葺雖婦人典子之思兄弟伯仲

之故粗誤所知成太傑之志而慰其兄弟伯仲

蕙葑可充悼誰侠有此因侠後有孜去銘曰鑄釜以

湘之又甚深松為城名也魚山兮岑崗

鞭兮可及者為可窮兮如此犬野

者為可窮兮如此犬野

石馬吾宮旁兮少府監王冊官王璠剡

二十九、宋周氏墓誌　元祐元年（1086）十月三十日

　　周氏，今朝奉大父／永錫之第二女。元／豐六年十二月二／十四日卒，享年二／十六。元祐元年十／月三十日葬萬年／縣洪固鄉貴胄里，／所生母曹氏同葬。

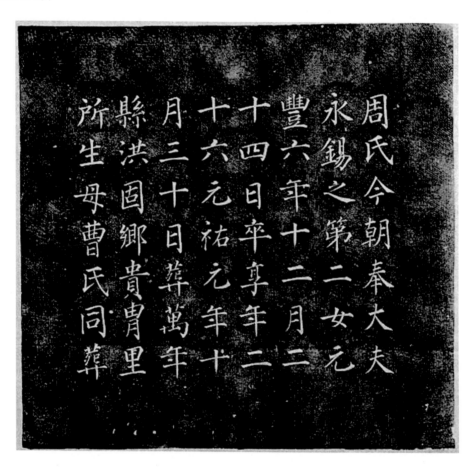

三十、宋晁渙之墓誌　元祐五年（1090）十一月三十日

晁繪道墓誌銘 /

修實録院檢討官、左朝奉郎、行秘書省著作佐郎、/ 充集賢校理、雲騎尉、賜緋魚袋黃庭堅撰。/

右奉議郎、新差太僕寺丞、武騎尉、賜緋魚袋文勳篆蓋。/

鉅野晁渙之字繪道，吾友堯民之子。自其為兒，則有志 / 扵著書立名，克己嚮道。年十一，持母氏錢塘葉夫人之 / 喪，哀毁如成人。稍長，舉進士，同升者皆推尚其文行。扵 / 是，諸晁老人曰：「是將亢吾宗。」不幸，年二十而卒，與之遊 / 者皆為隕涕。娶朝奉郎周延年之女，無子。生一女，始孩。/ 堯民，晁端仁也，扵是為朝散郎，催遣廣濟河輦運。命其 / 兄捐之以元祐上章敦牂十一月庚寅，葬繪道于葉 / 夫人之域。使来乞銘曰：「吾兒子，所愛也，幸與之銘，泉 / 而有知，可無憾。」故爲銘，銘曰：/

大道轟轟，如奪如予。均者一陶，器則功楛。楛有耆耇，功 / 有凶析。大觀同閱，各者憂缺。嗚呼繪道！曩誰德予汝，今 / 誰奪汝孝。恭而弟友，忽為數寸之棺。彊毅而清明，終成 / 一丘之土。父曰天其忍予，兄曰天寧殲予。何負扵幽，莫 / 敵莫仇。仁在其親，義在其友。可思不忘，是謂不朽。/

從兄載之書，天水趙開刻字。

三十一、宋朱常墓誌　元祐六年（1091）十二月二日

額篆書三行：宋朱／君墓／誌銘

宋故朱君墓銘有序／

左朝奉郎、行太學博士、武騎尉、賜緋魚袋吳黯撰。／

右通直郎朱勵書并篆蓋。

慶曆戊子，余始識吾友久中扵夷潤謝氏之書館。是時，余齒尚少。雖日有詩書賦／詠之課，然少暇則游嬉嘯歌，調笑百出。至扵浴潺湲之清溪，弄浩蕩之明月，跳丸舞／槊，緡水而屐山，無所不為。而久中已能謹願，儼然如成人，危坐書榻，終日不廢吟／諷。其勤与怠，可謂有間矣。然其情好与余為最厚。自此，從師取友多同。中間或離或／合，雖不常，而其睽異亦未嘗閱歲。人多恠久中性介特寡合，少与而終始之分，扵／余最相親，何也？久中有兄君成，多出遊為行商。蓋晚而久中始生，父母特愛之，／不使朝夕去左右。季十七，见從兄屯田負外郎君平以文學得聲名，為士大夫所愛／敬。乃慨然慕之曰：「男子當以儒學發身，無徒与草木浪生死。」扵是，力辭其父母，出就／學。其後遊太學，不歸者五季。子子自立，不苟求知扵人，人亦罕有知者。在太學雖久，／所与傾盡者不過三四人。視不与己合者，不啻若長物。自京師埽，益難与人交。閉門／讀書不出者動經歲，鄰里故人罕见其面。既不利扵進取，則扵世事益漠然無意，時／時獨酌取醉而已。婺鄉先生危髙女，淑惠有婦道，先久中二十二季卒，今葬与／久中同域而異坎。曾祖文捷、祖晷、父凝，皆不仕，世居邵武之故縣。姓朱氏，名常，不能／考其初所以遷徙。享年六十，以元祐六季七月己未卒，而葬用其季十二月丙辰，乃／巾子山之龍窟之原也。男五人：公初、詢、式、廣、公輔。詢、公輔早世，式習進士業。女一人，適／新命孫遘。孫男三人：曰孚；曰遷；曰起。孫女一人，適常平游誼。銘曰：／

矯矯桓桓，既勇且安。命實嗇之，匪志不完。閉門勤劬，左詩右書。／人不我知，亦莫諂諛。易其田園，載溉載耰。水旱薦賊，不充我求。／天耶人耶，無所歸咎。窮不失仁，君子之守。

吳遐刊。

三十二、宋楊昶墓誌　元祐七年（1092）三月七日

宋故楊氏女誌銘并叙 /

兄新授楚州司理糸軍楊克纂并書。 /

楊氏女名昶，字景延，道號净持。其先鄭人，自 / 王父居洛，復為洛人。父賢寶，見任右宣義郎。 / 母譙郡張氏。女之生十四年而卒，其將生也， / 吾父夢人謂曰：「異域聖僧降于爾家。」頃有鼓 / 吹前導，肩輿處子而至。覺而吾母遂產。及漸 / 長，自修飭，所為不類等列。皃豐潔，性恬淡。自 / 生及終，不食魚肉，親者皆愛奇之。元祐五年 / 十二月二十四日，以微疾逝，識者咸共悲嗟。 / 復夢於其兄曰：「結緣既盡，我則當去，勿復念 / 我。」自是更無影響。嗚呼！始終無異矣。越三秊 / 春三月庚寅，瘞於西京崇化院之東北崗。其 / 姓系所出，則俻載王父中大夫中山侯之誌， / 此不復叙。銘曰： /

藏爾體者，父母兄弟。冥兮冥冥，孰知其所歸。

宋故楊氏女誌銘并叙

兄新授楚州司理參軍扶克一篆并書

楊氏居洛字景延道號澄持其先鄭人自

王父居洛復為洛人父諱見任右宣義郎

母譙郡人張氏女之生十四年而卒其將生也

吾父嘗夢一異僧謂曰異塊降于爾家頃有鼓

吹前導肩輿豪子而至覺而吾母遂產及漸

長自幼俟餘所為衣類筆列皀豐潔性恬淡自

生及終不食魚肉題者皆愛奇之元祐五年

十二月二十四日以微疾逝識者歲共悲嗟

復夢於其兄曰結緣既盡我則當去勿復念

我自是更無影響鳴呼始終六具矣越二季

春三月庚寅瘞於西京崇化院之東北崗其

姓系所出則備載王父中大夫中山俣之誌

此不復敘銘曰

藏爾爾體者父母兄弟寬兮冥冥孰知其歸

三十三、宋徐佖墓誌　元祐七年（1092）十一月五日

宋故徐純中墓志銘／

金華黃庭堅撰并書。／

君諱佖，字純中，贈宣德郎徐君陟之子。庭堅之姑，長安縣太君，君母／也。徐氏世為豫章人，不知其流遷所自，或曰蓋出於後漢聘君穉。／其族人避兵亂，買田於西安山中，稍稍堙替不學。故君曾王父光、王／父賞皆治生，貨殖於田間。宣德君始築書館，延諸生，而君昆弟皆化／為儒者。君總角，蔚然負文采，不事家產，獨喜游學。故太師王恭公／在翰林號為時文宗匠，君徃從之學詞賦，恭公稱之。同門生皆臺／閣知名士，鄉曲以為榮。再薦於有司，而詘於禮部。同時進士皆謂／君不耦，非藝之罪。君既倦游，歸而自放於酒中。元祐六年十二月以／疾卒，享年五十。取黃氏，予女兄也。初生兩男子，皆下殤。晚得男，曰多／老。五女子：長嫁臨江軍法曹參軍李森；餘在室。君病革時，室中二女／刲股肉以進，人皆哀之。君嶄嶄嶷嶷，在醜不諍；坦坦施施，持論不回。／家居孝順怡怡，長安君尤愛之。初，予世父長善有大名於四海，試禮／部，賦天子外屏，聲動朝廷。及當試於崇政殿，病不能興。天子遣中／人問疾於其邸舍，賜之藥齊焉。蚤世而嗣不立。世母張夫人年少守／義，保其孤女。及孤女成人，為擇對以歸君。張夫人以謂文章之秀／氣，不麗於本枝，或發于外孫也。今多老越在懷緥，又可冀其成立／耶！於是長安君年八十而哭其少子，孀妻擁諸女負嬰兒啼不成／聲，使來告曰：「將以七年十一月甲申，葬純中於田浦之原，先舅之／墓次。子為我作銘，以慰薦純中於下泉，它日亦以示多老。」嗚呼！其／忍不銘，銘曰：／

藝文以為秜，孝弟以為田，師友以芸之，自古有年。於戲純中，力耕／而不澤，多稼而不穡，匪其秜之不割，維歲不若。

宋故徐純中墓志銘　金華黃庭監撰并書

君諱似字純中贈宣德郎徐君陟之子始長安縣太君君之母
也徐氏世為德崇孝人不知其流遷而自咸田蓋出於後漢聘君輝
其族人進士龔賈田於西安山中稍□埋枝不學姓君昆弟時化
父事叔治治生貨殖於田閒宣德君始營葉書館延諸生而君少時
為儒者君德角遊然父承不事家產獨喜游學故水師王恭
在翰林號為時文宗匠君往返之學詞賦恭之同門生皆喜
閣知名士鄉曲出以為紫毋鄉於有司而孰於禮部同進士出身謂
君不親非執之罪君既倦游歸而自放於酒中元祐二年十二月□
疾卒享年五十原黃氏亨女凡七初生兩男子�晚得男曰與二女
女五子長嫁臨江軍法曹季軍李森徐在室君病革時室中二女
封股肉以進入皆衰之君新□疑在視不諳坦然持論不回
股閒孝順怡怡長安君尤愛之初子世父善有六名於四海試禮
家居孝順怡長安君尤愛之初子世父善有六名於四海試禮
氣不讓於奎枝或複於外孫也今多宪越在懷緒又可藝其放立
耶於是長安君八十而嬰其少子嫡諸女貧嬰兒帝不成
臂使來告曰將以七年十一月甲申葬純中於忠浦之原先妣之
墓次子為我作銘以慰純中於下泉七日亦以承多夫鳴呼其
氏保其孤及孤女成人為擇對以歸君張夫人以謂文事之秀
觀文以為耜素弟八為田師友八兹之自古有年於戲純中力耕
而不穫多稼而不穫匹其耜之不若狎歲不若
忍不銘

三十四、宋趙氏胡氏墓誌　元祐八年（1093）十月十七日

額正書：宋趙氏胡氏墓

　　宋□河尚友聞，其先室曰趙氏，故□州團練判官諱／惟清之曾孫，故居士諱慶長之孫，諱延年之女。其継／室曰胡氏，故戶部尚書諱令儀之曾孫，故駕部郎中／諱拱辰之孫，今金州司法糸軍价之女。二室皆京兆／著姓，而婦德婦容足為友聞之嘉配。惜乎！天不克相。／而趙氏之歸尚氏十三年，胡氏二年，遽以／云亡。族人不特悲二室之夭，而又且歎尚君之不幸／也。趙氏生一男二女，今其存者一女而已。胡氏則未／有所出也。趙氏之亡年三十一，寔元祐五年二月二／十日也。胡氏之亡年二十三，寔元祐八年九月初九／日也。元祐八年七月初八日，友聞喪其母宋夫人。方／卜以是年十月十七日，舉葬于京兆府萬年縣少陵／鄉興盛坊神禾原之先塋，將以先室趙氏從焉。未／襄／大事而重罹胡氏之禍，聞者無不□□。以窆日有期，／不□求銘於人，聊記二室之世系，□□□納諸壙云。

三十五、宋趙叔琇墓誌　　紹聖二年（1095）七月一日

宋宗室、左班殿直叔琇墓誌銘并序 /

朝散大夫、試中書舍人、上護軍、賜紫金魚袋臣盛陶撰。 /

翰林蓺學臣袁公綽書并篆蓋。 /

宗室叔琇，秦悼王之元孫也。曾祖德存，武昌軍節度使、同中書門下平章 / 事。祖承衍，護國軍節度使、河東郡王。父克施，右武衛大將軍、忠州團練使。 / 元豐四年，生於武昌舊邸。會 / 神宗皇帝同天節，即賜之名。初授右班殿直， / 今上嗣位，覃恩遷左班殿直。天資警悟，不與他兒等。甫能言，教之以書，喜 / 見於色。八歲讀《孝經》《論語》，求試于大宗正司。誦數敏熟，觀者莫不歎美。祖 / 母魏國夫人特鍾愛之。生長富貴，未嘗驕侈自矜。雅好沖澹，其資質過人 / 遠矣。母壽昌縣君王氏疾病，日夜侍側，寢食幾廢。及母喪，哀慕摧毀，殆不 / 克勝，以故夭化。實紹聖元年五月七日也，享年十有五。初，壽昌歸忠州，禱 / 祠而生此男，其見夢有異，故名之曰應奴。卒之夕，黃風暴起於居室之上。 / 其從來品地，豈常兒比哉！秀而不實，悲夫！忠州乞葬，以大喪 / 有詔，從之。以二年七月甲午，葬于汝州梁縣。銘曰： /

孰豐其與，使有眾美。孰奪而壽， / 乃止於此。均入於機，是則一理。 / 奚從詰哉，悠悠汝水。 /

少府監玉冊官臣齊士明刻。

三十六、宋鄧氏夫人地券　　紹聖三年（1096）十二月四日

額正書：鄧氏夫人地券

維皇宋紹聖三年歲次丙子十二月辛丑朔初四日庚申，／奉大宋國江南道臨江軍新淦縣欽風鄉万歲里湖舍／上保歿故鄧氏夫人享年六十五。扵去年八月初六日，因向後／園採花，路逢仙人賜酒，迷而不返，魂歸蒿裏，魄落太山。／今俻銀錢一万貫、香酒綵物等扵皇父邑西武夷王邊，／買得所居之西艮山来龍作丁向地一穴。其地東止甲乙／青龍，南止丙丁朱雀，西止庚辛白虎，北止壬癸玄武。上止皇天，下止黃泉。四止內將充鄧氏夫人山宅。今即投龜叶／噬，弟相襲吉。安厝已後，利宜風水，蔭益子孫。冨貴／相承，昌寧永保。所有行裝衣木飲食具度，並／是亡人存日自己榮置。地中若有凶神惡煞，不得妄／有争占。如違，仰牛頭王収付／太山北獄誅斬。急急如律令。／

誰為書，水中魚。誰為讀，髙山鹿。魚何在，／入深灣。鹿何在，上髙山。引止人，張堅固。／保見人，李定度。買地人，鄧氏夫人。

三十七、宋陳婉墓誌　紹聖四年（1097）五月七日

額篆書：宋陳氏墓誌銘

宋潁川陳氏墓誌銘 /
夫樊南劉伯莊撰。 /
馮翊雷行篆額。 /
清源王持書。 /
劉氏有賢婦曰陳婉，字淑之，糸知政事、贈太師尚書令兼中書令魏國公 / 恕之曾孫，尚書比部貟外郎、贈屯田郎中執古之孫，殿中丞世昌之女。陳 / 氏世居鍾陵，魏公貴，始徙開封。陳十有五歲歸于樊川劉伯莊，生一男：曰 / 顧行。三女：曰仲柔；曰叔靜；一㓜。紹聖四年三月十九日以疾卒于長安天 / 禄坊之里弟，享年四十有二。時伯莊舉進士在都下，集英賜第才十 / 日。聞陳疾革，遽歸，已不及見。遂以其年五月初七日葬于京兆府萬年縣 / 神禾原，祔姑之兆，禮也。予嘗觀前世女子之美，能事舅姑，睦親族，奉夫謹， / 處己潔者，有出扵先王之澤未泯，而女教之修使然也。後世閨門之行，望 / 古而不愧者，非出於天性之良，孰能若是哉！陳懿柔静慧，淂之自然。事其 / 姑以孝，睦其族以義。予嘗慮於不及者，必以義理相勉。至扵伏臘之湏，米 / 鹽之細，治之皆有序而不以累予，故予獲助為多。甘貧窶，薄嗜好。出見女 / 曹，飾金珠，曳羅繡，未識有羨色。嗚呼！生死常也，予拙扵生事，少 / 思以儒學奮扵時，四上而四黜，與之同困窮者有年矣。晚淂一官而遽失 / 之，不獲偕老，何天窮予甚也。夫人之憂患非寓扵言，則不足以寫其悲傷 / 鬱結之情。故予誌其墓，又哀之以詩四章。予未能忘情者也，且異夫 / 不及情者焉。其辭曰： /

昔結縭，年始笄。歸予二十七朞兮，有無甘苦嘗同之。 / 事姑孝，承夫順。懿柔静慧淂之性，嗚呼壽考胡不竟。 / 我来自東，鶯歸鑒空。入門無復舊音容，兒女泫相從。 / 玉案當前，滿川在東。佳城鬱鬱岡阜隆，草樹動悲風。

左下角刻：安永年刊 / 安 / 安永年刊

宋潁川陳氏墓誌銘
夫樊南劉伯莊撰
清源馮翔雷行篆額

劉氏有賢婦曰陳婉字淑之父知政事贈太師尚書令魏國公
頤氏世行三女曰仲柔曰叔靜之閒郎中贈陳田郎中執古之孫殿中丞世昌之女陳
祿行坊聞原陳疾姑母年五月初七日葬于京兆府萬年縣以疾卒于長安才十天
日禾儒者非族先世也一時伯世女子少年三月十九日以疾
神巳而不愧者皆族首序而不嘗觀前世女教之墜失也後世閨門之奉事其謹

古盬飾之細李治曳羅繡未識其姑義而不嘗應有義理相惹王坐得之淒
姑盬飾金珠曳羅繡未識四上四然興之同困窮者有年矣則不以寫其非陽米失
之不後偕老何於時四上四然興之呼生予元常也獨可悲者方批於生遂失
思以學嬌於時四上四然興之困窮者有年矣則不以寫其非陽米失

瘞者焉其辭之情故予誌其墓又東之以詩四章予未能忘情者也

皆結縞年始許歸予二十七嚮予參甘苦書同之性嘉得之性寫壽朝不竟
幸姑孝承夫順慈秉靜得之性寫壽朝不竟
我來自東寫歸鏡室入門委溪蔦音容兒女攀桐從
土秦當前瀰川在東惟城懿二開阜隴草樹鬱鬱風

安永年刊
安永年刊

三十八、宋高顯買地券　　紹聖四年（1097）九月四日

　　惟大宋國隴州汧陽縣万善鄉橋東社亡考／高顯，今於紹聖四年九月庚戌朔初四日甲寅／日葬礼。今用錢万万貫九千九百九十九文，就／此黃泉父、后土母、社稷買得前件十二邊墓／田，週遹一頃。／東至青龍，西至白虎，／南至朱雀，北至玄武。／上至倉天，下至黃泉。／右件六至分明，了與天地神明。保人張堅／故、里定度，知見人東王公、西王母，書契石／刉曹，讀契人金主簿。書契人飛上天，讀契／人入黃泉，執此券文為憑。／

　　紹聖四年九月庚戌朔初四日□□

三十九、宋丁誠墓誌　*紹聖五年（1098）五月二十五日*

額篆書：宋故丁府君墓誌銘

內董村張銑虜買地壹畝半，南北長貳拾壹步，東西闊壹拾柒步。／
宋故丁府君墓誌銘

河南裴淑撰，太原郝隱書兼篆。／

君姓丁氏，諱誠，無字。世居黃碾，以農為業。曾祖、祖並亡諱。考／曰乂，處性剛勇，不務生業。因奮志棄耕以募軍，後累戰功，遷神虎／裨將，以至終老。由是，子孫為上黨人也。逮生君，長而敏於心計，／樂為商販，以家餘貲彊幹興息，聚幾數倍矣。其於賦受，狀貌古樸，／言行純直，孝親亮友，時有所稱。慶曆七年四月十有七日，遇疾以／終，年方三十有七。嗚呼！天弗與其壽也。夫人□氏，婦德有聞，疾／終於嘉祐七年八月二十四日。生子男二人：長為慶，娶焦氏，生孫／男中志、中益；次為真，娶趙氏，生孫男中立、中正。真以早世，趙氏私／隱二子於父母家。是時，慶以二子為丁氏嗣，遂公訟索之。唯得中／立，保育成人，教以義方。始娶崔氏之子，暨生一女。其後中立復請／侍外祖父，志不可奪而去。久之，不幸遘疾而死，時紹聖五年二月／初五日。始葬君與真及中立於上黨五龍鄉內董里之新塋也。／已而中正伯父慶覽諸埋文，獨無慶與二子之名。慶一吁曰：「我於／中正之父為同氣也，既不我書，豈非中正失其雍睦，以絕親義邪？／我非愛名於一時，恐後世子孫不得與丁氏齒，深可惜哉。且邁忘／其根夲者遠，必不能序其枝輔也。」是故礱石，別求其誌于先君之／墓，即其年夏五月二十有五日也。余按慶之所告，得序其實，冀其／識者不以慶為憾而見譏焉。因為之銘，銘曰：／

嗚呼！禮有誌壙者，銘其死德，敍其家門。惟祖惟父，／乃子乃孫。亡其根夲，絕於義親。闕而不書，胡為所存。／

祖乂，父誠庚位，中立從庚，慶甲位，真丙位。樂安任公諒。

宋故□中府君墓銘

宋
故
丁
府
君
墓
誌
銘

君
姓
丁
氏
諱
誠
無
字
世
居
黃
碾
以
農
為
業
曾
祖
祖
立
广
諱
□
考

□
內
董
村
張
銳
震
買
地
壹
畝
半
南
北
長
几
拾
壹
步
東
西
闊
壹
拾
柒
步
郡
隱
書
叢
考

河
東
裦
淑
撰

曰
又
處
丁
氏
性
剛
勇
不
務
生
業
因
蓄
志
棄
耕
以
慕
軍
後
累
戰
功
遷
至
君
長
布
敢
於
心
討
虎
狼

禪
將
以
至
老
由
是
子
孫
寫
上
黨
人
也

樂
為
商
販
以
家
資
贍
養
彊
興
息
慶
歷
七
年
四
月
於
娜
變
狼
古
橫

言
行
純
方
三
十
有
七
嗚
呼
天
弗
与
其
壽
也
夫
人
為
氏
婦
德
有
聞
請
以
早
世
趙
氏
侍
中
孫
疾
以

終
年
於
嘉
祐
七
年
八
月
一
十
四
日
生
于
男
二
人
長
慶
醫
焦
以
遺
侍
中
正
真
迄
送
公
諗
宗
室
也
月

終
中
志
於
父
母
教
以
義
方
真
娶
崔
氏
慶
歷
二
年
正
月
迄
公
諗
宗
五
新
堂
二
月
我
於

隱
二
子
祖
父
成
人
同
父
慶
覽
諗
其
世
書
宣
非
典
丁
氏
別
求
其
誌
于
先
莫
其
實
之

立
外
保
育
始
葉
志
不
可
奪
而
去
之
不
革
遭
于
氏
嗣
一
女
適
里
中
慶
一
吁
我
於

侍
五
日
中
正
伯
父
為
必
不
時
恐
其
子
孫
丁
氏
深
可
惜
哉
且
还
耶
其

物
而
中
正
於
一
時
也
慶
諗
後
世
獲
其
書
宣
非
典
石
之
所
告
得
韻
惟
父
門
俾
禪
惟
父
而
不
害
胡
為
所
存

巳
非
其
名
遠
於
不
氣
也
後
護
焉
其
銘
曰

中
正
其
年
夏
五
月
二
十
有
五
日
慶
有
誌
壙
者
銘
其
死
於
義
親
關
樂
安
任
公
諗
二

我
即
李
名
遠
於
一
時
而
見
者
其
根
乃
子
乃
孫
二

識
墓
其
根
即
不
以
慶
為
憶
而
見
者
祖
又
父
誡
庚
位
中
立
從
庚
慶
甲
位
真
丙
位

四十、宋衛杲墓誌　元符二年（1099）七月二十日

宋故三班奉職衛府君墓誌銘 /

新授權絳州稷山縣尉王肇撰。 /

奉議郎、新權知梁山軍、兼管內勸農事、借緋劉渙書。 /

淮南節度推官、前知渭州潘原縣事司馬桂題蓋。 /

君諱杲，字晦尗，世為陝州夏邑人。氣貞魁偉，少有大志，奮身 / 白屋。以材武絕倫為大丞相韓公所知，薦扵朝，授三 / 班差使。以年勞，轉奉職，歷任延安前後經略使深所信委。方 / 將倚以攻守，盡其材勇。君以母老思歸，慨然有請于帥。帥 / 惜其去，留之再四，而君請益堅。嘉其孝節，遂許以歸。里閭相 / 率以皷吹迎迓，帥聞之，歎曰：「鴻飛冥冥，弋者何羨焉！彼能為 / □□吾不能也。」君既歸，供侍之餘，涉獵書史，思欲鄉社咸知 / □□□出家貲，增新縣庠。復廣家塾，延請儒士，訓誘子弟。遠 / □□□聞風而来，絃頌之聲，藹于一方。其間登鄉書，占桂籍 / □□□人焉。君家富財產而喜扵施予，葺治亭館。林泉之間， / □□蒲陝。日與賓客燕賞，放懷物外，泰然無一塵之蔽。姪孫 / □少孤，君撫養周至，勉勵學業，朝夕未嘗少倦。年未冠，果預鄉 / 薦。晚年得疾，自度不起，召諸子弟訓飭曰：「兒輩勉力儒學， / 慎勿以財產為累。」紹聖元年五月初四日，終于寢，享年六十 / 有一。君三娶：初王氏；次張氏；次董氏。後君五年而卒。男四人： / 長㝉，蚤卒；次憲，乃張氏所出；次常；次實。女三人：長適張知白； / 次未笄而卒；次在室。孫男二人，孫女二人，皆幼。憲卜以元符 / 二年七月廿日，葬君扵元村社先塋之次，以三夫人祔焉。前 / 期来請銘扵僕，而僕嘗館君門下，義不淂辭，為之銘曰： /

落落衛侯，孰與之儔。舜禄歸養，孝敬是脩。 / 延士以塾，學者来遊。寄傲塵外，宇之心休。 / 源深慶流，銘德琬琰。用賁扵幽。 /

王世安刊。

四十一、宋劉伯莊墓誌　元符三年（1100）十月十六日

誌蓋篆書二行：宋劉先／生墓銘

宋故康定軍鄜城縣主簿劉先生墓銘并序／

朝散大夫、新差知坊州軍州兼管內勸農事、上柱國、賜紫金魚袋李嵩撰。／

朝奉郎、新差通判相州軍州兼管內勸農事、飛騎尉、賜緋魚袋种果書并篆蓋。／

有宋賢儒曰長安諱劉先生伯莊，字子衷，自少力學。研究六經，以求聖賢／義理之歸；博覽群史，以通古今治亂之迹。尤精於《春秋》之學，期欲施之有／政，以顯後世。其脩身行己，率皆慎重不妄，故能循蹈規矩，未嘗踰閑。少失／所怙，偏親在堂，先生奉事敬嚴，甘旨必具。接昆弟親舊至和，雖僕妾得／其驩心。其家累世仕宦，南北旅襯多寄四方，先生舉曾祖而下八喪皆／葬于長安。其閑暇則多聚古書，日與賓朋講論，遇興則放懷泉石，作為歌詩，／以自娛樂。其安命忘憂，綽有古人之風，故其學行為鄉閭所矜式，長少／皆樂從之，即之愈久而益溫，聽其言者雖久而忘倦。五預鄉書，乃登進士第，／調康定軍鄜城縣主簿。方西鄙用兵，朝廷發京西之粟數百萬以實邊，／自洛至軍車轂相連。先生受納有方，民不留滯而公廩給足。歲旱，被檄，／視穀之多寡以寬民賦，先生多為蠲除而民荷其惠。飢民困於道路，死／亡甚眾。先生率僚屬聚財以賙給，而人賴其生。僚屬有所未見，則密為／之告；當塗有所訪問，則稱其長而舍其短。其蒞官常以無補於公為慮，／不汲汲於名利，故人皆服其長者。其德性溫淳，襟量恢廓。與人交淡而無／適莫，泛愛眾而不失色於人。故其沒也，聞者莫不傷歎。左班殿直諱延祚／者，其曾祖也。大理寺丞諱棠者，其祖也。坊州司理糹軍諱扞者，其父也。娶／陳氏，殿中丞世昌之女，淑德藹著，先先生而亡。男一人彥祖，應進士舉。／女三人：長曰仲柔，許嫁進士尚猷；次曰叔靜，次曰康奴，尚幼。孫男一／人，幼。以／元符三年七月十七日卒于康定軍鄜城縣官舍，享年五十有四。卜以是／年十月十有六日，葬于京兆府萬年縣神禾原父墓之次。其藏之家者有／《無憂子文集》《春秋說》數十卷。銘曰：／

其德伊何，如金如玉。其度伊何，如川如谷。樂道忘憂，／知足不辱。事親敬嚴，居家輯睦。政務寬仁，民懷愛育。／壽宜永也，止逮中年。位宜

重也，纔及寸禄。聞訃之来，／遠近悲惻。形則有窮，名傳不息。／
　安延年刊。

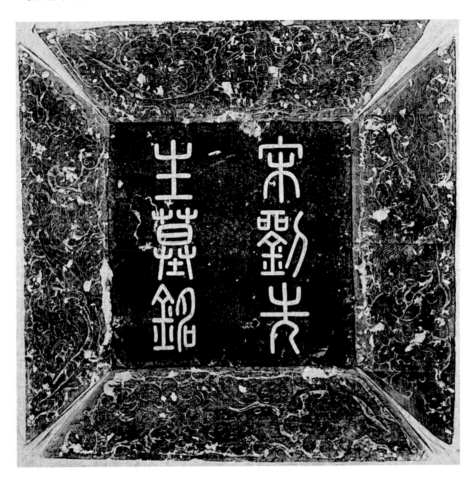

宋故康定軍郿誠縣主簿劉先生墓銘并序

朝散大夫新差通判相州軍州兼管內勸農事上柱國賜紫金魚袋李　　高撰

朝奉郎新差通判相州軍州兼管內勸農事上柱國賜紫金魚袋□□　　梁書并篆蓋

四十二、宋元大娘地券　　建中靖國元年（1101）九月二日

額正書：地券

維皇宋建中靖國元年歲次辛巳九月己 / 未朔初二日庚申，謹有撫州崇仁縣坊郭 / 東耆江清步保歿故元氏行年廿五歲 / 壽終。男女謹用錢財抆開皇地主邊置得長 / 安鄉會昌里土名石頭潭巽山辛向地壹穴。 / 其地東止甲乙青龍，南止丙丁朱雀，西止庚 / 辛白虎，北止壬癸玄武，中止亡人暮宅。地与 / 盤古為界，所有亡人隨裝衣物、金銀、寶貝， / 並是亡人所管，不得妄有神祈爭占。安葬 / 已後，陰注子孫，永招富貴，千年不改，萬歲 / 不移。急急如太上律令。敕。見人張堅固， / 保人李定度，書人天官道士。

四十三、宋甯冀墓誌　崇寧元年（1102）九月十四日

　　宋崇寧元年歲次壬午九月丙申，端臣之弟公應舉端臣之喪，與其／娵張氏祔河南之龍門村洛苑鄉甯氏祖塋之次而葬焉。端臣諱冀，／端臣其字也。曾祖諱承訓，終右侍禁。祖諱直，終淄州判官，贈太常博／士。考諱瞻，終尚書職方貟外郎，贈光禄少卿。妣李氏，終壽昌縣太君。／端臣，光禄公之第七子也。以孤童自奮于學，性剛明疏達，慷慨有大志。／喜功名，論事倜儻，不羈扵俗。練達農事，治生產有條理。甯氏甚貧，有田久／廢，荒榛茂林，委墟豺虎者積數十年，雖土人亦不以為可耕。端臣一日／發之，盡斬其木，闢為新田。由是，族食一仰扵此。甯氏扵河南鬱為文物之／盛，歲以科舉登貢版、取仕進、鄉里名儒家者，自端臣與其弟公應倡之。／端臣扵甯氏爲有力焉。端臣之文辭簡理明，氣韻豪壯。若驚風怒濤，號／震洶湧。讀之者心開意快，無不自足。然扵經術，乃詣極理致，此人所難。／端臣尤上義樂善，喜赴人之急。鄉人聶言者，與端臣同試禮部，素無交／□。言病亟且貧，以其身託端臣。端臣帥同舍以資歸言於家，言竟卒。／比端臣還洛，次宿滎陽，夢言泣且謝。鄉先生尹材明春秋學，端臣帥／鄉士子百數伏門下，懇請勤至，先生為講其書于長壽佛舍。自是，洛人始／知學《春秋》，而門弟子因以其義傳布四方。元祐初，朝廷置局議役法，／將盡革前制。端臣以書抵司馬溫公、持國韓公，告以利害，不見從。後／天子詔有司舉經明行修，鄉士大夫以端臣薦，而部使者有親嫌，不以／名上。嗚呼！端臣四試禮部，一以詔舉，皆抑塞不進，卒死布衣，可／以言命也歟！端臣享年四十，娶張氏，工部侍郎、贈司徒去華之孫，隱君／子景昌之女。生十有九歲而歸于端臣，為端臣婦八歲而寡。母兄奪其／志，誓言不從，後端臣五歲卒。性和而明，而三男子皆不育。端臣卒後／六月，遺腹一女子曰師奴，今有十二歲。嗚呼！如端臣者，雖弗欲銘，言不／能已，銘曰：

　　性剛明而終抑，氣浩博而終屈。／斯人之不可見也，所可見者佳城之鬱鬱。

　　河南袁孝堅刊。

宋崇寧元年歲次壬午九月丙申端臣之歿與其
頃張氏祔河南之龍門村洛范鄉窨氏祖塋之次而葬焉
端臣其字永也端臣諱詠終右侍
曾祖諱某終淄州別
士考諱瞻終尚書職方員外郎贈光祿少卿
端臣光祿公之第七子也以孤童事治生十年雄士人亦下以為可
安既茂椿林委堆針虎後者積救十年雄士人亦下以為可
喜荒椿林委堆針虎後者積救十年雄士人亦下以為可
發之盡斬其木開為新田由是族有田以
震海內之者心閑意忱然於經術乃氣
此端臣尤工於讀書之者心閑意忱然於經術乃氣
鄉士子百數伏而門弟子圓以書抵司馬温公持國韓公告
端臣還洛次宿榮陽夢言泣且以其義傳布四方沾沾初
知士子有司詔舉明行修鄉士大夫以
矢言春秋而制經明行修鄉士大夫以
將盡革前制舉四一以詔舉皆驚而不遂卒婉布衣始
以言命也端臣五歲卒性和而子圓初試禮部一以
子景昌之女生十有九歲而歸于端臣為婦八歲而
名上呼也端臣事年四十聚張氏工部侍郎贈徒卒某之孫隱君
六月遣腹一女子曰師奴令十有二歲嗚呼如
志棺道腹一女子曰師奴令十有二歲嗚呼如
餘已
銘曰
性剛明而終柳
斯人歿不可見也
氣浩博而終屈
所可見者佳城之窌墟

四十四、宋陳絳墓誌　崇寧二年（1103）十一月二十日

額正書：陳氏府君墓銘

宋故陳氏府君墓誌銘

姪守牟州助教敵撰。／

府君諱絳，姓陳氏，君華其字也。世為撫州之崇仁人。以農起家，阡陌彌望，鄉稱／為豪右者，府君之曾祖諱顥者是也。以義教子，子奎三試禮部，人稱為處士者，／府君之太父諱瑩者是也。善継其志，以農晶諸子，以義訓其孫，而厥諱奉先者，／即府君之考也。□太父之存也，伯奎領諸子就學，而考實董家事。府君雖篤志／嚮道，慮勞厥考，□移而幹蠱，以克其家。考優遊閒暇，得以文酒為業，是謂能服／其親之勞也。□方卜室，先闢黌舍於其前，延賢而友。厥孫不爾，則令束書齎糧，／求師於千里之外。府君先意營辦，不勞而具。俾諸子道藝有足稱者，是謂能承／其親之志也。故其家篤於耕而不病義，勤於學而不恤利，此府君所以能貽厥／後也。考□□成奉□營產，不遑寧處二十有七年。家道益振，彌倍其初，訖無私／藏。親□□□□年而弟績卒。又三年，與其姪異籍，毫髮不自留，人多以此義之。／府君天□□□謹慎固守，非正言不出諸口，非直道不行諸身。和而不爭，犯而／不校。譽之弗加喜，非之弗加怒。樂道人之善，惡稱人之惡。鄉人有為非義者，往／往不憚父兄而憚府君聞之，化其心者有之。府君寢疾數月，子卜以七試南宮，／□恩奉□，朝夕思念，以俟其歸，卒不及見，想含恨幽壤矣。生於天聖七年孟春／之晦前，□□崇寧二禩初夏之中澣，享年七十有五。以其年十有一月丙申，葬／于長安鄉□□里龍崗陽，祖母曾氏夫人塋之左，府君先屬意焉。府君初配／袁氏，生□□□□少有偉氣，猶困場屋。女適鄉貢進士黃大聲，蚤世。継配謝氏，／生子四：卜、襄□襄、亶，並為進士。女適豐城吳安行。男孫六：堯道、堯咨、堯目、堯叟、／堯封、堯□，皆讀□□□。堯道嘗被薦有司。女孫十：長適里人曾伯達；餘在室。曾／孫男女七人。嗚呼！府君行義之美，宜勒諸石。敵，猶子也。辱愛尤篤，知之益詳。安／□□□以□後人乎。洒泣涕而銘曰：／

親以愛□，弟因心友。克成厥□，□□□有。天果相善，云胡不壽。／亦既壽□，□□其□。家傳而彌遠，善久而彌芳。猗歟府君，是謂不亡。

四十五、宋胡二十七娘地契　崇寧三年（1104）十一月六日

惟皇宋歲次甲申崇寧三年十壹月丙子，／故女弟子胡二十七娘地契。／大宋国江南歙州祈門縣製錦鄉安德里胡／村社，歿故女弟子胡二十七娘忽因堂上得一／覺，夢見東皇公与西皇母為期，蒙賜酒一盃，不／覺醉歸泉臺。今用錢玖萬玖阡玖百玖十玖貫／玖文，買得龍子之地壹所，在地名江村老鴉兒／降下山培邊。東止東皇公，西止西皇母，南止赤／公曹，北止黑主簿。又東止甲乙，南止丙丁，西止／庚辛，北止壬癸。上止青天，下止黃泉。壹傾之內，／並係亡人胡二十七娘千年吉地，永代安寧。若／問谁為書，水中雙鯉魚。若問谁為讀，天上白鶴。／讀了飛上天，鯉魚書了入黃泉。見人張堅固，保／人李定度。蝦蟇流泉百丈涯，若有人来相見問，但去東海石崖邊。急急依吾律令。勅。／此契永付歿故女弟子胡二十七娘山宅為記。

地券從左至右換行書寫。藏安徽省祁門縣博物館。長 49 釐米，高 42 釐米，紫砂石質。

四十六、宋強利夫人墓誌　崇寧四年（1105）二月七日

額篆書四行：宋故 / 強利 / 夫人 / 墓銘

宋故強利夫人墓誌銘 /

免解鄉貢進士、減舉特奏名嚴固撰。 /

免解進士李經書篆。 /

夫人姓強利，其先西羌屬。自父懷榮挺身歸明，授以漢 / 官，卒扵內殿崇班。終始一節，朝廷嘉之，賜田數頃，由是 / 為隆德府人。故子孫忠義，皆克肖其緒。雖夫人為女人而 / 智識器度有以大過扵人，其如淑善温惠，眾亦鮮儷焉。初 / 歸東頭供奉官、真定府都巡撿使郝素，事舅姑以道，而扵 / 其夫深淂柔從聽侍、恐懼自省之禮。不幸，所天早世。子男 / 一人，曰明，見充班行。堅志操，不踐二庭。父母奪而嫁之， / 遂再適富人陳士敏，非其夲志也。士敏前室有子男五人， / 一夭化。女三人，旣娶且嫁，而一在室。孫男女六人，而夫人教 / 誨撫養均一，如鳲鳩傍人，莫知其為嫡継也。性純儉，服澣 / 濯之衣。閨門之內，處事各有條理，鄉隣多之。未幾，感疾而 / 逝，享年六十一，時崇寧四年正月二十七日也。以是年二 / 月七日丙午葬扵上黨縣五龍鄉祥鹿里陳君前配之 / 墓。夫人有兄曰仲誠，弟曰仲安，姪曰天叙，與余為文酒之交。錄夫人行事，誌其壙。余與陳氏家卋為親契，偕不能辭。 / 遂摭其實而為之銘，銘曰： /

處而孝，嫁而義。踐二庭，非夲志。 / 得所歸，有子孫。終天別，掩墓門。

四十七、宋志通塔銘　崇寧四年（1105）十月二十一日

宋故撫州金谿縣草堂院通公大師塔銘／

延陵吳牖民撰，承事郎致仕陸規書。／

大師諱志通，姓傅氏，上世撫之金谿永泰人。始生，有額珠隱隱起眉際。甫十歲，不喜他習。弟敏曉／在縲負中，一日，與之戲，妣祝氏有兄西昇院守能者偶遇門。睨之，謂其母曰：「是二甥皆當使奉吾／宗乘教，不宜汩溺流俗。」母然其言，即遣師事饒之安仁臨江院文廣。及冠，習王將軍、顏魯公字尤／精緻。誦《法華經》，求試，頓悟妙理。熙寧丁巳，年三十四，始得度，受具足戒。方祝髮時，手持齋饌，往禮／僊峯淨空禪師寶月，勾護持事。淨空諾之。未幾，挈瓶錫遊廬阜，探賾宗旨。已而，返上饒鵝湖仁／壽院，糸眞教大師坐席，趨向明遠。既歸，乃謀身後計。文廣許曰：「汝能博識，宜自了。」會有日躬謁舅／氏，因語其事，守能勉以延福之草堂，當假梵修，實元祐己巳年冬也。草堂資產甲吾鄉寺舍，皇祐／中籍沒于官。尒後，付非其人。師至，惟壞屋數椽，頹垣尋丈，與吾高祖所構如來殿而已。師乃慨歎／而言：「使我不主之則止，儻得留此，當復中興。」是用竭力盡誠，發揚梵唄，使一方無貴賤小大，皆樂／與之游從。不數歲，法堂、門廡并羅漢、地藏祠宇，信士爭出力為之，煥然一新。緇徒、賓眾至者，莫不／推許。然迎將餽遺，談議諧謔，惟恐不逮。以是，人皆德之。敏曉者年踰壯，未克有成。師諭以《華嚴經》，／厚齎送，使試上都，既而遂事。南歸，跪謝次，相與語舅氏風鑒，至此，果符驗矣。師徘徊太息，謂吾／老矣，當以有後為願。由是，小師惠明、惠顏與姪道果不三五年，各以次得度。惠明主順政之華嚴，／惠顏主同鄉之新興，道果继兹院事。三人皆智識明達，非庸常者比。崇寧四年秋八月，以寒疾為／梗，一夕差甚，亟作忽問：「今日晴否？」其徒告以日色明爽。乃收足趺坐，自言：「生滅去來，如此而已。汝／等善奉吾教，毋生慢易，各宜珍重。」於是，瞑目終于正寢，乃十有九日癸未也。享年六十有二，僧臘／二十有九。以其年十月二十有一日乙酉，遷窆于院之東北隅塔次，蓋存日所卜。小師道珣、道寧／猶以未獲受度為恨。師孫宗寶、宗定、宗教、宗圓俱奉遺訓。初，師謁淨空時，得頌語云：「清朝難值今／時值，知識難逢此日逢。為汝一言還會否，千生萬劫此門中。」師始終穎悟若此，信能受誓言而力／行之。昔元祐戊辰與紹定丙子歲俱大旱，五六月不雨。師不憚勞，曝坐誦經。引

鄉閭人叩中宮井／劉公祠祈請，應不旋踵。既大有年，或不知謝，未嘗少形愠色。而又善誦靈祕神呪，為眾信陳無礙／普供，不可縷數。仍不較所施多寡，推方便心，豈碌碌田袍輩可齊驅並駕云。師將終，語其徒求予／為銘。予與之有舊，深知師行止去就，義不獲辭，因為之銘。銘曰：／

幼自警敏，長克成就。頓悟宗乘，指迷善誘。晚主草堂，為中興首。／革故鼎新，擅達磨肘。實宜長享，其徒依歸。遽返涅槃，數莫能違。／既已有後，縣縣緇衣。雖滅不滅，是以似之。

廖達刊。

四十八、宋時知默墓誌　崇寧四年（1105）十一月二十六日

宋時知默墓誌／

知默，名語，姓時氏，世為安陸人。左班殿／直諱忠之曾孫，奉議郎致仕、贈中大夫／諱永圖之孫，六宅使致仕諱定之長子。／崇寧二年二月二十一日卒于江陵其／弟誠之官舍，享年四十有三。卜以四年／十一月二十六日葬于安陸縣太平鄉／進賢里先塋之隅。知默雖早以疾廢，然／性純質能，謹於孝親，族多憐之。娶朱氏，／凡六年，以知默疾遂去，尤可哀也。葬有／日，扵是女弟之夫鄭譖為誌其墓。

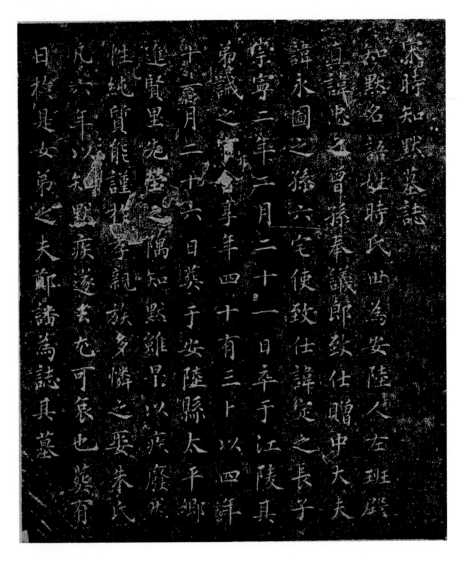

四十九、宋尹楫墓誌　大觀元年（1107）九月七日

有宋進士尹君墓誌銘 /

君諱楫，字濟川，姓尹氏。贈工部侍郎諱文中之曾孫，尚 / 書比部貟外郎諱仲舒之孫，進士諱渭之子。少業儒，舉 / 進士不中。年二十四，丁父憂，遂不復為進取計。治生奉 / 母，能循家法，處里閈未嘗妄交。宗族不以親疎為間，一 / 以盡恩意。崇寧丙戌二月庚寅，母張夫人棄養，以哀毀 / 浸淫成疾。越明年，實大觀元年七月九日卒，享季四十 / 九。卒之前五日，呼諸子誡飭曰：「汝苐事母敬順，兄弟愉 / 怡，我死不忘吾言，足矣。」焞適視疾，至臥內問起居狀，語 / 焞曰：「死生有命，無足道者。然我得罪天地，喪吾母，未克 / 襄事，其將奈何！」悲恨填臆，泣數行下。焞立側，不忍視， / 其可哀也已。初娶張氏，左中散大夫仲容之女。再娶王 / 氏，殿中丞綬之女。子男四人：黯、燾、點、黝。女一人。孫女一 / 人，尚幼。黯等卜以其年九月庚寅，葬河南府壽安縣連 / 理鄉任范里先塋之側，夫人張氏祔。焞，君之從姪也。不 / 幸生五歲而孤，與叔父居處相隣，無旬浹不見顏色。年 / 浸長，叔父事無鉅細，必以見謀。今葬矣，不誌其墓，曷紓 / 余悲。故不敢以鄙陋辭，泣而為銘。銘曰： /

不妄交遊，尻以見君之行。臨終之言，足以觀君之志。 / 嗚呼！吾叔父其已矣夫。 /

姪焞撰并書。 /

刊者張□。

五十、宋符世有妻李氏墓銘　大觀元年（1107）十二月二十八日

額正書：宋故李氏夫人墓銘

夫人李氏，世為臨江軍新淦修德鄉上城里人也。年十四歲，歸／同鄉开化里符君，五十八載而共緒同心。生子一人曰宗彥，娶李氏。／女一人曰三娘，適鄒从元。男孫五人：一曰良鎮，娶彭氏；二曰良瑞，／娶聶氏；三曰良臣，娶聶氏；四曰良衛，娶鄒氏；五曰小子，尚幼。／女孫二人，曰大娘、二娘，漸成童，許二鄒氏。男女息孫，不可備書。／夫人生禀淑質，名播善家。養尊堂以孝，敬良人如賓。至於姒／娌婢僕，喜怒未嘗聞聲色。与良夫治產，賦稅乃增半矣。□／於建中靖國元年冬，自輟帑貨，施於夲山神光寺建崇□／修，為没后之梯航。世人謂曰：「此知足善女人也。」嗚呼！／夫人厥壽七十有二，於大觀元年丁亥八月二十八日寢疾終。／夢向後園採花，路逢女仙賜酒，迷而不返。卜於當年十二／月二十八日己酉，用銀錢一萬貫，於武夷王邊易得土名大／落牛阬亥山丙向地椁一所，充夫人宅兆。其地東止甲乙／青龍，南止丙丁朱雀，西止庚辛白虎，北止壬癸玄武。上止／皇天，下止黃泉，中止夫人墓塋為界。地中凶神惡殺不／得妄求爭占，如違，準／太上女青律令，急急。／

良夫請震為銘，乃不辭命，銘曰：／

夫人淑德兮蘭蕙馨，孝子順孫兮家富名。／七十有二兮終上壽，歲聿云莫兮窆佳城。／

保人張堅固，／書人李定度。里人楊可及刊。

宋故李氏夫人墓銘

夫人李氏世爲臨江軍新淦修德鄉上歲里人也年七十四歲沒
同鄉開化里行君五十二歲而共結同心生子一人曰宗彥聖女一人
女一人曰三娘適鄒以九男孫五人曰良鎮聚彭氏曰良瑞
聖昌晶氏三曰良昌娶晶氏四曰良衛娶鄒氏五曰小子尚幼
女孫二人曰大娘二娘新戒童孫二鄒氏男女息孫不可悉書
夫人生東淑賢名播善家養育以孝勤良人如寶臣起事
埋坤懷吾恭而曾聞賢色与良夫治産神光寺建立崇
於建中靖國元年冬自縊孕皆抛於李山神光寺建崇
修爲漢白之辨航世人謂曰此如足善女人也
夫人歐壽七十有二於大觀元年丁亥八月二十八日疾疾
黄向右園孫花路蓮女仙鳴酒迷而不返卜族當年十二
月二十日己酉用銀一萬貫於武庚王邊局得士名
落牛阮亥山丙向地坪一所先 夫人宅兆其地東止甲
青龍南止丙丁朱雀西止庚辛白虎北止癸玄武土也
皇天下止畫泉山上夫人墓塋爲界地中凶神乞避
得吉求幸吉遠違 太卜地青月律令急急
夫人淑德兮閑蕙馨 孝子順孫兮家富名
七十有二兮終上壽 歲聿去莫兮空佳城
良夫讀
震 爲銘乃不諱命 詔曰

保人浪堅圖
書人李宗彥

里人楊可爰
刊

五十一、宋王實墓誌　大觀二年（1108）四月五日

宋故朝奉郎、通判應天府王公墓誌銘／

南陽張邦光撰并書。／

公諱實，字仲安。曾祖晟。祖繼文，故河中府虞鄉令，贈特進。考异，文學行義，有稱當世，官至中散／大夫、直史館，贈左光祿大夫。妣劉氏，贈永嘉郡太君；吳氏，華原郡太君。王氏世為大名冠氏人，／特進公卒虞鄉，曰家焉。中散公遷齊之禹城後，葬特進公于長清，今為長清人也。公以父任試／將作監主簿，为棣州商河尉。有司氏者結賊數輩，將劫庫兵为盜，邑人莫有知者。一日，公命縛／致于庭，司氏大譁曰：「我世習明經舉，奈何無罪見辱？」公詰以所謀，卒伏其辜，一縣驚歎。嘗至傳／舍，有乘馬過者類商人也。亟令追捕，左右莫測其故。既至，公折以晨出馬奚遽汗，果以盜服。有／婦人告賊殺其夫，公往驗之，其妻哭不哀，且無戚容。反劾之，乃自殺之也。其發伏摘奸，皆此類。／竟以捕劇賊功，改守將作監主簿。時魏帥欲奏公易武官，公辭焉，授知明州鄞縣。鄞，劇邑也。公／治之有餘，人至今稱之。縣有廣德湖，溉民田百餘里，部使者議洩為田，入于官，促縣行之。公執／不可，湖賴以存，百姓歌之。官制行，改承務郎，遷承奉郎，加武騎尉，勾當在京左廂店宅務。公謂／凡官京師者漫不事事，一切委胥史，狃習為常，奸蠹日滋。至則繩吏以法，如治州縣。吏既不悅，／相與造匿名書遺太府，卿貳識其詐，曰「健吏反遭誣乎！」回力薦于朝。／哲宗登極，恩遷承事郎。丁中散公憂，服除，遷宣義郎，通判信安軍。今丞相蔡公時帥高陽，首／薦其才。未幾，丁吳夫人憂，服除，遷宣德郎，知連州。大興學校，為擇明師，訓道士子。逮今，連學之／盛與中州比，自公啓之。得請再任，前後五年，郡以大治。遷通直郎，知寧州，不赴，改通判陳州。／今上即位，恩遷奉議郎，加雲騎尉，賜五品服。遷誠義郎，通判鳳州。鳳當兩川之衝，道路脩阻，運／茶頗艱，公督甚力，課入曰倍。遷朝奉郎，通判應天府。未幾，感疾，謂醫曰：「吾數止此，藥石奈何？旬／日當逝矣。」乃請致仕，不復飲食，誦佛書「法身本非食」之語，精爽如平時。及瞑目，適挾日矣。享年／六十有三，實崇寧五年九月二十五日也。公娶羅氏，封嘉興縣君。子男六人：曰光祖，登進士第，／授登州牟平主簿，蚤卒；曰光國，深州静安主簿；曰光庭，以父致仕當補官，居喪未授；餘未名，卒。／女五人：長適進士劉珫；次適從事郎

趙璘；次未行；餘已卒。孫男女十有一人。卜以大觀二年四／月五日，葬于齊州長清縣和平鄉千秋里淳于山祖考之墓左。公內行修飭，事后母吳氏以孝／聞，貌溫氣和，未嘗忤物。至其臨事，矯然無所屈撓。平生不妄干人，自其守連，拈格已當為郡，既／而三歷州佐，不以為屈。人或問公，則曰：「為貧而仕，已過吾分矣。」每授官于吏選，初不擇地，嘗曰：／「士鮮廉恥，十百為羣，駢肩乎天官之門，刺刺相與言，不過商榷供饋。而後有所，注擬一誤，投／牒紛爭。逮其之官，則又冒法以增公帑之入。吾甚鄙之。」其拈勢力淡薄如此，故仕宦四十年而／官止拈是。其亡也，家無餘貲。公之所得雖少，而過人則遠矣。邦光實公之甥，侍教為久，知公為／□。前葬，光國使来請銘。嗚呼！我尚忍銘我舅也，乃泣而書曰：／

粵前聖之有言，憎予心之未曉。既富貴之在天，宜不繫拈拙巧。／何奔競之多得，而靜默之獨少。謂仁者之必壽，羌就木之亦蚤。／瞻漠□之無際，信斯理之難攷。伊逝日之前知，在死生其已了。／矧外物之土苴，固莫嬰乎懷抱。惟潛德之幽光，訂斯文而皎皎。

五十二、宋秦宰墓誌　大觀二年（1108）七月十三日

宋故伊川秦君墓誌銘 /

鄉貢進士錢處厚撰并書。 /

君諱宰，字師道。祖曰□仁達一，父懷用。秦氏，其先河 / 東人。曾祖謂其祖曰：「汝欲創田園，殖貨財，期後世盛大， / 必求縣名謂之陽者居焉。」於是南來，抵伊陽，觀山林之勝，田野 / 之廣，子平下里尤為沃衍，遂有止息之意。故置田園，葺廬舍，睦隣 / 里，卜婚姻，乃為伊陽之人焉。其父能繼祖之志，纂祖之業，增而大 / 之，闢而廣之，而君生焉。君既長，欲求所以進身者，遂依房兄殿 / 直宣，繫名河南府衙前籍中，以勞管勾登封縣鎮所事。君心術 / 警悟，才力敏健。官司委以竹木使，將之京師。京師委以香藥使，將 / 之河南。徃復無所失陷，欲以報功，指射大和村，刱置酒務。規模宏 / 遠，酤賣浩汗，人情浹洽，利入其厚。大和素為盜賊聚嘯之地，時有 / 姓董者最為強惡，虜掠行旅，驚劫居人。服君信義，獨不敢犯。 / □厥後，又部押木綱，直□詣滑臺，無所虧折。凡官司之事，出入 / 公門四十餘年，無有不前，亦無纖毫過失。非能周身遠 / 害，孰能至於此哉。君性剛毅，出言慷慨，不屈於人。務和宗族， / 喜接賓客。晚年資產益盛，家屬益眾，而君優游，逸樂而居鄉曲焉。 / 大觀二年戊子歲四月二十九日，以疾終於所居，享年六十有八。 / 君兩娶，先娶李氏，繼娶王氏。閨門嚴肅，佐君有力。李氏先君四 / 十有一年卒。王氏生五子：長曰俊；次曰儀，早夭；其三人曰諒，曰誠， / 曰誼，皆幼。女六人：長適上黨尚宗度；次適潁川陳安；次適清河張 / 慤；其三人未笄。於其年七月十三日葬君于子平里，從先域也。 / 將葬，其壻張君狀君平昔之所行告余，使余誌而銘之。余雖 / 不敏，義不可辭。銘曰： /

伊山之髙，伊水之清。茲焉卜宅，神其永寧。 / 子孫蕃昌，嗣續不忘。福兮祿兮，維以其長。

五十三、宋江大娘地券　大觀二年（1108）十月十二日

維大宋國江南西道撫州金谿縣歸德鄉十／四都，即有歿故亡人江氏大娘行年七十／四歲。忽被二鼠侵藤，四蚖俱逼，命落黃泉，／竟歸冥道。生居浮杳，死還棺槨。今用銀／錢五千貫文，於開皇地主邊永買得西畔崗／坤山作艮向，於歲次大觀二年十月十二日／安厝。其地東止甲乙，西止丙丁，南止庚辛，北止／壬癸。上止青天，下止黃泉，当心下穴永為／亡人万年塚宅。知見人歲月主，保人今日／直符。太上急急如律令。

五十四、宋宗室裕之夫人盧氏墓誌　大觀二年（1108）十二月二十七日

宋宗室裕之新婦墓誌銘 /

宣義郎、試起居舍人、兼權中書舍人、賜紫金魚袋臣張邦昌撰。 /

翰林書藝局藝學臣王玠書并篆蓋。 /

夫人盧氏世家開封，曾大父永昌，大父覆。父 / 約，左侍禁。夫人生而聰明孝淑，侍禁君與其 / 配李氏特愛之。既笄，聞宗子裕之材，乃以妻 / 焉，是为赠定州观察使、博陵侯之妇。入門而媼御咸喜，閲歲而娣姒皆化。裕之好文辭，每 / 從士大夫游。夫人左右伙助，進其夫於學。事 / 姑長壽君夙夜不懈，他婦莫能及。姑嘗曰：「事 / 我不當如是耶！」崇寧三年六月二十日卒于 / 徐州，享年二十六。女一人，未行。大觀二年十 / 二月二十七日，葬于汝州梁縣。銘曰： /

展彼靜姝，毓德自初。来嬪公子， / 媚于其姑。如蘭之專，奄忽以徂。 / 刻銘其藏，淑問不渝。 /

少府監玉冊官臣朱煥刊。

五十五、宋晁公簡改葬記　大觀三年（1109）十月十三日

宋朝散大夫、尚書刑部郎中、知越州軍州事，贈特進、吏部尚書晁公改葬記／

　　贈特進、吏部尚書晁公以慶曆四年九月己酉既葬扵祥符大墓矣，後六十六／年，實大觀四年三月壬寅，改窆于任城之魚山。先是，祥符地卑多水患，自特進／公五子，伯庫部公而下，雜然以為慮，而叔金紫公尤患之，議遷不果。至是，特進／公子皆前沒，而金紫公之子泰寧軍節度推官、前知莘縣事端禮，朝散郎、前通／判徐州事端智相與議，必成其先志。以告群從諸孫及庫部公之孫補之等曰：／「祥符水患，諸子之責，猶諸孫之責也。且特進公之子庫部公而下，皆葬魚山。遷／魚山，宜抑族墳墓以安神，則從以烝嘗合食，則在又宜。」眾曰：「唯扵時諸孫存者，／莘縣為長。」莘縣廼走京師，告特進公墓。并舉河間縣太君劉氏之柩，護奉以歸。／啓窆易槨，改祧惟美。凡資用，皆莘縣力也。初，補之居蓬萊，太君之器，始學地理。／行視魚山，崦中若虎若牛，回抱踞盼，勢盤礴可喜法。葬山葬窟，乃貴耿植松，定／南北。既命師袁才相地，袁徙其域少東，纔五尺而止。前卜丙室，遷庫部公與兩／夫人之柩。至是，以特進公、劉夫人宅丙室。更議以壬申二穴遷庫部公與補之／考朝議公匶，從特進公兆焉。既即事，又屬補之記本末。而特進公氏諱、爵里、行／事之實，已載端明殿學士李淑所譔誌銘矣，不復書，獨記改卜及刻祭告文，并／納壙中。若庫部諸弟、子孫、婚宦，則各具扵銘誌，故皆不復出云。曾孫朝散大夫、／管句南京鴻慶宮、飛騎尉、賜緋魚袋補之謹記并書。／

　　維大觀三年歲次己丑十月壬申朔十三日甲申，孫前泰寧軍節度推官、知大／名府莘縣事端禮等謹以清酌庶羞之奠，祭告于／祖考特進、吏部尚書晁公，祖妣河間縣太君劉氏之墓曰：聞之夫子既得合葬／扵防門後，兩甚至曰：爾來何遲也？曰：防墓崩。夫子不應，三言之，乃泫然流涕／曰：吾聞之，古不修墓。夫既反，其極矣。岸谷變遷，何由必之。故古不脩墓者，禮也；／泫然流涕者，情也。夫禮可以不修，而情不淂視其壞而不悲，是夫子許其脩也。／而端禮等以祥符大墓土庳有水患，雖我祖考妣昔以禮葬，垂七十年可已矣。／而端禮等以人揆神，情不淂安，將遷匶任城魚山，吉卜。且我祖考妣之子孫，往／者皆從葬此地，烝嘗以時，不惷歲事，抑族墳墓，亦禮也。以人便

之，知神欲之，亦／情也。故端禮等以違古不脩墓之訓為輕，而伸泫然流涕之思為重。雜然相恕，／今月吉日，奉柩以東。我祖考妣實惠聽之，不震不驚，往安于行。嗚呼哀哉！尚饗！

五十六、宋劉二十四娘地券　　大觀四年（1110）二月四日

額正書：宋故劉氏地券

維皇宋大觀四年庚寅歲二月一日庚子朔初四日癸／酉，謹有大宋國吉州盧陵縣雍和坊没故亡人劉氏二／十四娘願結千年之宅。年二十三歲，生居閻浮，死安宅／兆。以去年忽因冥遊，遇仙人賜酒，承醉不返，没落黃泉。／龜噬協從，相地襲吉，宜於本縣土名河源，安厝宅兆。用／錢禾九千九万九十九貫九分九厘，五色綵信幣等，就／此皇天大邑莊主買得此處巽山壬向首。東止甲乙青／龍，南止丙丁朱雀，西止庚辛白虎，北止壬癸玄武。內外／勾陳，分定四域。丘丞墓伯，封斷堺道，將軍齊整百里道／路。千秋万年，永無殃咎。地主張堅固，書契李定度，見人／功曹，讀人玄武。地中土府將軍社稷見亡人過往，不得／妄有勘責侵奪亡人隨身衣物。已給公驗，如有故相呵奪／者，奏上太上大帝青衣使者斬之。何人裁衣，雲中／織女。誰為修棺槨，落陽何師。冥中聖教給牒條，週遊十／方。六道平生，坐位分明。子午夘酉，得令長益。寅申己亥，／生資不退。辰戌丑未，居家富貴。男女昌盛，年過百歲，無／有妨害。倉庫盈溢，謌謠盡日。亡人衣物，隨身付與収管。／糧罌貯千年湧水，五穀載万年之粮。今祈不得違科犯／約，如違犯者，奏上勑斬之。急急如律令。五帝清衣／律令。

五十七、宋何五郎地券　大觀四年（1110）閏八月二十四日

維皇宋大觀四年閏八月一日朔二十四日庚申，建昌軍南城縣可封／鄉遂初里歿故何五郎行年四十五歲身亡。用錢一千貫，拴土名石／坑下買得艮山丁向地一穴，作万／年之塚。上止青天，下止黃泉。證／人張堅故，書人李定度。若要／相尋，但来海中覓。／急急如律令。

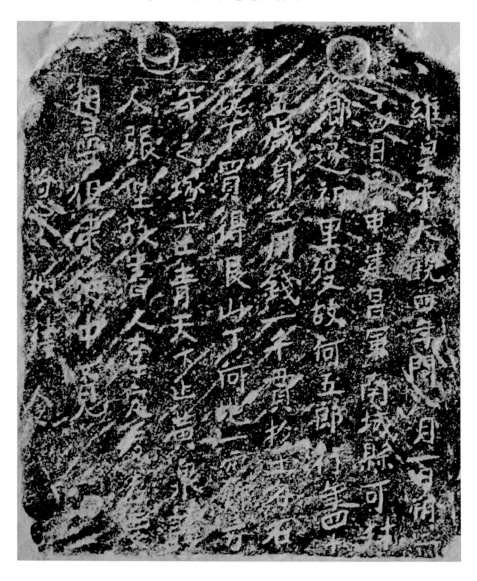

五十八、宋毛一郎地券　大觀四年（1110）閏八月二十五日

額正書：故毛君一郎地券

維皇宋大觀四年歲次庚寅閏八月一日丁酉，／是日辛酉，即有皇帝子孫毛君一郎而扵今／年二月十五日偶拋家業，訪水尋雲，遂同王母／之貪歡，逐麻而不返。因茲被仙人將藥酒迷／滯，不返陽間。今来在巳方尋踏得山地，乃得長／長丁离山巽落，迁作乹向放，乹水埽辛。其地／東止東王公，南止南岳嶺，西止西王母，北止北／岳。今將四止内山宅剋在今晨良利，用厝／西河毛一郎充万年山宅、千歲陰塲，使地神无／境外之交得，亡者有超生之道。惟顧／天星會合，地卦通宜。二十四山則將將咸埽，二十／八坐則神神擁護。以斯吉地，永鎮家庭。諸位神／通即无畢占者，急急如律令。／

引至保見人張堅固、李定度。

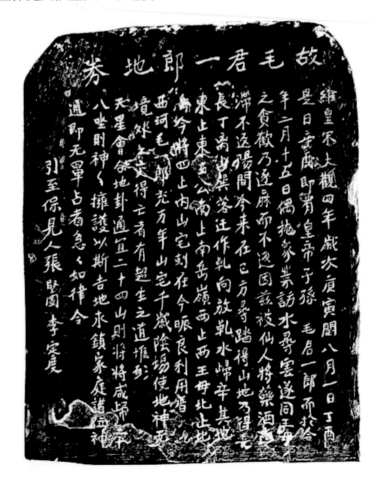

五十九、宋向氏墓誌　政和元年（1111）四月四日

宋故向氏夫人墓誌銘并序 /

奉議郎、新差知京兆府櫟陽縣丞、管勾學事馬永稽撰并書。 /

宣德郎、知壽州六安縣、管勾學事兼管勸農公事呂希革題蓋。 /

夫人姓向氏，其先開封人。性資穎悟，自幼端莊，不妄笑語。常侍其母永 / 寧君入見欽聖憲肅皇后。后，夫人從姑也。愛其令淑，欲留禁中。夫人 / 雖在髫齔，逡巡辭遜，宛若成人。后嘉歎，賜賚甚渥。朝議公欲得賢士 / 君子配之，遂歸于承務郎錢惛。向氏自高祖文簡荊王，奕世載德，紀功 / 太常。逮欽聖母儀天下，尊榮一時。而錢氏累葉將相聯姻，王室門 / 閥之盛，嘉配為宜。舅朝散公清慎儉肅，日以詩禮訓諸子。姑仁壽縣君 / 薛氏內治嚴整。夫人能安其家，事上接下，皆得其歡。饘饎祠事，躬服其 / 勞。朝散公寢疾，累年侍奉益謹，藥餌嘗而後進，朝夕在左右，未嘗見怠 / 容。承務君蒞官恭慎，時稱其能，實夫人之內助也。建中靖國元年八 / 月二十日，以疾終于汝州梁縣尉之官舍，享年三十有一。曾祖傳正，皇 / 任國子博士，贈太尉；祖綜，皇任中散大夫，贈宣奉大夫；父宗哲，見任朝 / 議大夫，知忻州。母高氏，永寧縣君；繼曹氏，仁和縣君。子二人：長曰拱之； / 次曰揆之。方童稺時，承務君勞扵王事，夫人親授以書泉，長皆富扵學， / 有聲庠序閒。二女尚幼。嗚呼！夫人賢德懿範，是宜遐齡顯號以彰厥善。 / 而止扵是，豈報施之理藏扵冥冥之中者，殆難知歟！觀二子爽拔不羣， / 必將克世其家，則夫人何憾焉。卜以政和元年四月丙申，葬承務君于 / 西京洛陽縣北邙山朝散公之墓次，夫人祔焉。求銘扵予，銘曰： /

嗚呼夫人，既安吉窀。 / 銘是懿德，以告幽遠。

宋故向氏夫人墓誌銘（并序）

奉議郎新差知京兆府櫟陽縣丞管勾學事馬永稽撰并書

宣德郎知壽州六安縣管勾勸農公事呂希羊題蓋

夫人姓向氏其先開封人性資穎悟自幼端莊不妄笑語嘗偹其母永洲欲留禁中夫人

雖在齠齓遂泣辭遽乞歸于承務郎錢氏后夫人后夫人嘉歎也愛其令洲欲留禁中夫人

君子配之欽聖慈聖母尊榮一時而錢氏自高祖文簡荊渥朝議公欲得賢士

太常之盛嘉嚴治內治嚴累年能安其家事接下皆得其歡在左右未嘗見怠祖傳任縣君

薛氏內助之方寢疾終于汝州梁縣尉曹氏仁和縣君二人長曰拱之

閫之盛嚴厚勢君淮陽累時稱其能謹藥餌嘗內享年三十有一曽祖傳任皇

勞朝散公寢疾終于汝州梁縣尉曹氏仁和縣君

容承務郎以疾終于汝州梁縣尉曹氏仁和縣君君子二人長曰拱之

月二十日以疾終于汝州梁縣尉贈宣奉大夫父宗哲見任朝

任國子博士知沂州母高氏綜皇祖任中散大夫贈宣奉大夫父宗哲見任朝

次曰機大夫知之方童女尚幼歲鳴呼夫人之中者始雖遲齔觀二子鑾載不舉于學

議曰稷序間二女時承務君勞於宜宜之中者始雖遲齔觀二子鑾載不舉于學

有聲庠序間承務君賢德懿範是且選齡顯師以乾厥善學

而止於是豈報施之理嗚呼夫人何憾焉卜以政和元年四月丙申葬承務君于

必將克世其家則夫人稍焉求銘於予銘曰

西京洛陽縣北邙山朝散夫人

嗚呼夫人懿德既告幽遠

銘是懿德

六十、宋符世有墓誌　政和六年（1116）十一月二十日

額正書：符君誌券

　　故符君諱世有，字則未聞也，生臨江軍新淦縣修德 / 鄉開化里。君娶李氏，生子一人，曰宗彥，娶李氏。女三 / 娘，適鄒從元，已卒。男孫良鎮娶彭氏；良瑞娶聶氏；良 / 臣娶聶氏；良衛娶鄒氏；良嗣娶郝氏；師元出家。女孫 / 大娘適鄒公亮；二娘許鄒氏，未歸。男女息孫，詵詵不 / 可具名焉。君為人正直，立性溫柔。居己恭，事上敬。 / 倒屣投轄，以重親友；四體能勤，梭帑溢焉；楮戶數尺， / 敵於氏郴。閭曰孰倫也。君存日，慕施及捇貲，命 / 神光院僧於家建修綵繪佛像，為歿後依憑矣。 / 君壽八十一歲，於政和六年十月初三日臥疾。夢入 / 後園採藥，途遇仙人与酒，迷而不反。卜於當年十一 / 月二十日己酉，窆于地名大落牛坑亥山丙向地椁 / 一所，充君宅兆。謹用銀錢一万貫，於開皇地主邊貿 / 得。其地東止甲乙，南止丙丁，西止庚辛，北止壬癸。上 / 至皇天，下至黃泉，中至 / 符君墓塋為界。 / 地內一切神殺不得妄求爭占。如違，准 / 太上律令，急急。孝子扷淚令誄，奚拓乃銘曰： /

　　修身眘行君，八十兼餘一。限滿丙申年，命終癸亥日。 / 兒孫悲念懃，親友吁嗟密。律中在黃鍾，己酉歸于室。

符君誌券

故符君諱世有字則未聞也生臨江軍新淦縣修德
鄉開化里君娶李氏女生子一人曰宗参娶李氏女三
娘適郡從允巳辛男孫良鎮娶彭氏良瑞聖郝氏良
曰娶晶氏良衛娶鄔氏良嗣娶郝氏師先出家女孫
大娘適郡公亮二娘許郝氏未歸男女息孫誅上敬
可具名君為人正直立性溫豪居佛俻為發依凭尺
敵于屡投轄以重軌友四體君存楎慕施及後疾夢入矣
神光院僧開日親友也綵繪君能勤爷爺為命數
後園採藥途遇仙人與酒迷而不反卜放當年十一
君壽八十一歲於政和六年十月初三日臥病博
一月二十日己酉謹用銀錢一萬置於開聖地主邊遭習
得其地東至甲乙南至丙丁西至庚辛北至壬癸上
地東牛坑亥山丙向地名大洛至皇天下至黃泉中至
符君墓瑩為界
地內一切神殺不得妄求爭占如遠進令諜奚拓乃銘曰
太上律令急急如律令
修身脊行君八十兼除一限滿丙申命終癸酉歸于室
兒孫悲念勲親友吁嗟密律中在黃鍾己酉

六十一、宋趙琢墓誌　政和八年（1118）閏九月五日

　　趙琢字成之，其先真之人。自遠祖韓王以／翊戴元功，還政居洛，遂為河南人。贈建寧軍節度使諱從約，於成之為曾祖；贈右武／衛大將軍諱思恭，於成之為祖；保義郎諱／希旦，扵成之為父。成之幼孤，事孀母以孝／聞。為人沉靜謹愿，平居罕言笑。而天資穎／邁，鼓篋從師，力學不勌。嶷嶷然特立，人皆／必其遠到也。始議娶呂氏，未婚而成之卒，／寔政和四年八月十三日，享年二十有三。／越四年閏月五日，始克葬於邙山之原。兄／璞既營視其封窆，且刻石以識其墓。

　　墓誌藏於千唐誌齋。

六十二、宋果圓塔銘　宣和元年（1119）三月十八日

宋護國□□□□德塔銘 /

河南王彥方撰并書。 /

佛光無礙禪師元正始居姑蘇之永安，學者輻輳。師造席下，首 / 問如何是佛，佛光曰：「即心是佛。」師未達。一日侍側，又問如何是 / 佛。佛光以如意擊師，中眉而流血。既而曰：「即心乃佛耳。」不然，亟 / 去。師出行數十里，釋然大悟。於是復歸，因留卒學。師諱果圓，字 / 大方，資姓，世為韶州曲江人。未冠，走雲門山，從浮屠學。凡江浙 / 間山水佳處，尊者所居，遊訪殆遍。崇寧中，佛光被詔，住京師 / 慧林，師復至自襄陽。會有旨，選定住持西湟天寧。時以師名 / 聞，奏賜號護國以往。到湟十月，告退東歸。久之，復入長安，寓 / 居崇勝□師，因命師住持，實政和二年也。既閱歲而去。逮八年 / 春，再入雍，樂樊南諸川，將卜老於牛頭山之福昌，依故人希淨 / 者。並山起閣，刺血寫《華嚴經》，及六十帙，未竟。以宣和元年三月 / 十八日感疾而終，享年卅八，僧臘廿九。後七日，葬師於所居之 / 北阜。師家世業儒，能作大字，筆劃遒勁可喜。禪門之學，特造其 / 高妙，所在人尊之。居崇勝時，一方益所信向，名士大夫日以往 / 焉。予時侍先公，寄長安。初與師遊，厚甚。又明年冬，先公官郇，瑕 / 棄諸孤，還葬伊洛。師適東歸，弔予於家，居洛數月乃去。泊再入雍， / 居牛頭山也。予亦西遊，相見喜甚。每暇時，策杖走樊川，挽師 / 崎嶇，窮盡溪山之勝。師始浔疾，以書見訣，不數日而逝。門弟子 / 若孫卅余人，獨孫廣明者為師起塔云。銘曰： /

佛光大士，嗣法臨濟。惟師之學，佛光是嗣。 / 具正法眼，見第一義。雲寄孤蹤，了無係累。 / 曲江其生，樊川其瘞。刊此銘焉，用昭來世。

姚彥刊。

宋護國興＿惠塔銘

河南王彥方撰并書

佛光與微師之正始居蘇之永安學奇頴湊師造席下首
開如何是佛師曰即心是佛師去逢一日侍州又聞何如是
光以佛意舉師中眉而流血既而曰不致亞從園學
去師出行教十里逢然大悟指明山從浄省學師凡江浙
大方資性世為部州山川人未嘗復渡門留半學師＿
間山水佳受尋訪居遊訪治遍紫寧中被故久希名
慧林師後至自襄國以往到有吉道定住持西堂天游＿
師師因命師住持十月吉退往持八佛光彼認以師＿
卷暇就號南諸師務政和二年也阮閣望諮長安高
居嘗趨入刺史州將年六十頭＿之福昌阮依人逸
者並山起陶而軍華徽後七日英師杙居居＿
者予時陶剌出終敷脫九後七日英師杙居之學特造其
十八日感疾而終繹＿宣和元年三月而逝門弟子
比丘諸師家世紫儒然你＿大士大大特造居之
馬予時侍光公寓之居長安時一方蓋道師＿可章禪門之學
高妙兩在人尊之像始得實以書蓋欽＿曰以省部限再入
畜居孤頭山也予共西遊相見真明名月乃去洵限往
羅居牛頭人獨孫師始名為洛時數月先以去洵洵再入
諸世餘溪廣明者師起塔銘曰而逝樊川杙邵子
崎嶇剪蓋谿之騰闇法鉻＿佛光是嗣
若孫世餘曲江其佛光大士見第一義
具正法眼生樊川其義升州派跋馬
　　　　　　　　　　　　　　　　　　　用昭來世

六十三、宋曹氏墓誌　宣和三年（1121）正月二十五日

宋故孺人曹氏墓誌銘／

夫趙郡李曦撰并書。／

　　孺人姓曹氏，生慈聖光獻后家。曾大父佺，同州觀察／使、贈開府儀同三司。大父謹，左藏庫副使。父時，承直郎。母／趙氏，韓王普之曾孫女。孺人蚤失所恃，事繼母孝篤，愛兄弟無間言。／年十八歸於我，為朝請大夫致仕伋之仲婦。治／家有法，閨門以肅。性警敏，不少下於人，人有謂善，每期於／同而後無歉。生二女，無子，予為娶從弟普之子宗賢以養，／鞠育之如己出者。逮予通藉，封孺人。政和戊戌，其父没。未／逾年，遭舅喪，仲弟且死，哀癉不自勝，竟致疚以卒。宣和己／亥九月十三日也，享年三十有四。予家至貧，生二十六年／而娶，娴而仕。所賦方魯，不能俛仰阿洵，多迕物而疎於／機心。孺人出戚里，甘素約若固然。及親賓相徵逐，曾莫見／有闕。與予言，從容必戒以周慎。故居官保身，僅得為完人，／實有助也。當病革時，狂不知人事。一日，復能以身後諉予。／與兒女訣，以至衣衾之具皆自處，無一語亂，越翼日乃終。／嗚呼！其狂者疾也，其不亂者識也。識不苟亂，雖曰生可也。／辛丑正月二十五日，葬其姑宜人王氏，舉以祔焉。銘曰：／

　　人孰無生兮，爾生克囏。人孰無死兮，爾壽惟慳。／閫則是修兮，予賴以全。中道而逝兮，舍予以先。／丹青留像兮，平時之顏。聲音在耳兮，永訣之言。／宅兆協吉兮，龍門北原。徃從爾姑兮，何千萬年。／

　　雷沂刊。

六十四、宋文茂宗墓誌　建炎元年（1127）八月四日

　　茂宗者，權御史西臺事、平陽文安禮／和姊之第二子也。嘗欲以為浮圖氏，／故又名惠宗。大觀元年丁亥歲十一／月丙辰，生於巴州化城縣。四年庚寅／歲閏八月己亥，卒於雅州官舍。政和／二年壬辰歲七月丁巳，自雅攜其骨／帰於河南，厝教忠積慶寺。建炎元年／丁未歲八月辛酉，祔葬扵洛陽縣賢／相鄉上店村北原新塋之丙穴。嗚呼！／吾兒明眸豐頰，岐嶷如成人，其惠悟／又異甚，吾故疑其苗而不秀也。悲夫！／

　　雷沂刊。

六十五、宋范公地券　紹興三年（1133）十一月八日

額正書：范公地券

　　紹興三年正月二十八日，／范公享年六十有八而／終。其孤卜葬是年十一／月初八日盧家原用錢／万万貫，開皇地主買淂／申山甲向陰地一穴所□／四圍上下外神不淂□／占，如有侵占，神當□／之。書人天官道士。急。

　　地券從左至右換行書寫。

六十六、宋李十一郎地券　　紹興十二年（1142）十二月二日

　　維／皇宋壬戌紹興十二年十二月一日己未朔／初二庚申，即有大宋国江西路撫州宜黃縣／仙桂鄉長壽里故陂西岸保亡人李十一郎／甲戌生，行年四十九歲。因往南山採藥，遇／仙人賜酒一盃，沉醉不返。今用錢九千九百貫／就開皇地主邊買得陰地一穴，在地名敵油，是／乾亥山巽向。其地東止甲乙，南止丙丁，西止庚／辛，北止壬癸。上止青天，下止黃泉。於李十一郎／作万年金壙，所有地下閑神野鬼不得乱有／侵占。如有占者，送赴太上御前誅斬。何人／書，水中魚。何人念，白鶴念。鶴何在，飛上天。魚／何在，入清泉。見人張堅固，證人李定度，書人／黃衣道士。書畢，上天而去。急急如／太上律令。敕。

六十七、宋任氏墓誌　紹興二十二年（1152）十月十二日

　　亡妻孺人任氏世居潼川郪縣之桂林，／系出二龍，其先顯窴，爲吾鄉望族。父忠，／親母陵氏，繼母柏氏。越筓，來配予。天姿／功巧，強扵幹蠱。承上接下，內外無間言。／薄衣菲食，自奉甚約。而觧衣推食，略無／少恡。舅姑桑榆，生養死送，盡禮無虧。／嗚呼賢哉！宜其永年，以償積習。無何微／恙，遽至不起，實大宋紹興二十一年閏／四月十四日也，享年四十。男五人：轍、輵、／軻、繼祖，皆先後孺人卒。季曰來孫。女／一人，曰蕙奴，尚幼。卜以次年十月壬申／十二日，葬于郪縣雲臺里，离山丙穴，從／其姑李氏太孺人之塋新阡也，死生相／同。嗚呼痛哉！遂寧府小溪縣丞馬藻誌。

六十八、宋李應宣地券　紹興二十三年（1153）十月十五日

　　維大宋國紹興二十三年歲次癸酉十月丙辰朔十五日／庚午之晨，謹有利州路山南西道興元府襃城縣鹿／堂鄉歿殂亡人李應宣與鄧氏夫人，生居城邑，死安／宅兆。龜筮協從，相地襲吉，宜於夲府夲縣夲鄉祖墳之／傍安措宅兆。謹用錢九萬九千九百九十九貫文兼五／採信幣買地一段。東至青龍，西至白虎，南至朱雀，／北至玄武。內方拘陳，分掌四域。丘丞墓伯，封步界畔。道／路將軍，齊整阡陌。千秋万歲，永無殃咎。若輒……／……軍亭掌，收縛付河伯。今以牲……／……才地，交相分付。工……／……主者保……

六十九、宋黃六娘地券　　乾道二年（1166）十月十四日

額正書：黃氏地券

　　維皇宋乹道二年丙戌歲十月辛未朔十四／甲申，貫属江西隆興府豐城縣大順鄉黃□／里後武源孝夫范有勝、孝男道珎、新婦黃／大娘、孝女七娘、孝孫彥聰彥明、孝女孫五姑／壬姑、孫新婦章念二娘，合家等為亡妻黃／六娘，享年六十有二，於今年四月辭世。謹告／開皇地主、後土陰官：在住宅東南山採得風／水地一穴，坤申来龍作寅甲向。東止甲乙，南／止丙丁，西止庚辛，北止壬癸。上止皇天，下止／黃泉。東王公、西王母。成契人張堅固，證人／李定度。四止之內，並係亡人主堂。□間有前／亡君子、後代女人，永為隣里。外有神鬼，不得／爭占。惟太上律令，謹券。

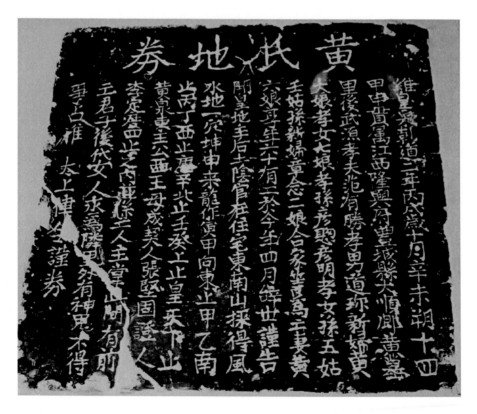

七十、宋方杲塚記　淳熙七年（1180）七月二十三日

額正書三行：宋故／方君／塚記

　　君諱杲，字常父。殿中丞、提舉京東西路／常平茶鹽諱沃之曾孫，少府監、知兗州／諱承之孫。父永寄理，儒林郎、知潭州善／化縣事。妣，知桂陽軍程昌時之女。生四／子，君居第三。世家莆田，祖父窆游二湔，／因家于蘇之常熟。君業儒，天性孝友，恂／恂惟謹，人未見其有子弟過。先母氏得／疾，君竭子職，視膳嘗藥，衣不解帶者十／月，母氏竟不起。君追慕哀毀，後二十有／四日卒，實淳熙七禩五月二十二日也，／享年二十六。娶衡州耒陽縣丞張禮維／女，有遺孕未生。以時季七月二十三日，／葬于邑之頂山南。弟菜泣血叙君梗槩，／刻諸石以納于墓。兄窊、槃謹識。書丹者／平原張義榮也。刊者龔愈。

宋故方君塚記

君諱杲字常父殿中丞提舉京東刑州路
宰平葬諱夫之曾孫少府監知兖州
諱承之孫父東審理儒林郎潭州茶
化縣事姚知枑家居二知縣君業儒
子惟居于縣之常熟君業儒天性孝友
民家于縣未見其有子身遇先母李氏得
怕惟謹丈夫臧德君嘗墓京興後二渊
疾毋民竟不起趨追慕京興後二十
月毋民竟不起趨五祺二十有
四日辛酉淳二十奭七祺五日也
年年二十六安衡州二十張禮繼
女有葬孕未生以是年七月二十三日
葬于邑之頂山南京葬涇血敘君丹郟縣
刻諸石以納于墓兄塚哭謹識書者
平原張義榮也刊者龔美之

七十一、宋章念八評事地券　淳熙七年（1180）十一月六日

維皇宋淳熙七年十一月已酉朔／初六日甲寅，河間章念八評事以／淳熙五年七月初八日殁故。龜筮／協從，卜地襲吉。宜於徽州祈門縣／武山鄉尤昌里詹坑源安厝宅兆，／謹用錢九万九千九百九十九貫／文，兼五綵信幣，買地一段。東西一／千步，南北一千步。東至青龍，西至／白虎，南至朱雀，北至真武。內方勾／陳，分擘堂四域。丘丞墓伯，封步界／畔。道路將軍，齊整阡陌。千秋万歲，／永無殃咎。若輙干犯訶禁者，將軍／亭長，收付河伯。今以牲牢酒、百／味香新，共為信契，財地交相分付。／工匠修營，安厝已後，永保休吉。知／見人歲月主，保人今日直符。故氣／邪精，不得忓怪。先有居者，永避万／里。若違此約，地府主吏自當其禍。／主人內外存亡，悉皆安吉。急急如／五帝使者女青律令。

地券藏安徽省祈門縣博物館。2007 年 8 月 16 日出土於祈門縣平里鎮雙鳳村坳裏組謝豔霞菜地，長 53 釐米，高 41 釐米，紫砂石質。

七十二、宋甘邦榮墓契券　　紹熙元年（1190）十一月

額正書：故甘公墓契券

維皇宋隆興府豐城縣富城鄉祝燥里路下／保居住弟子甘邦榮於己酉年三月身亡，享年／五十一。於今年十月內用錢九千九百九十／九貫，就開皇地主買得地一穴，震来山向庚／坐甲，作万年塚宅，廕益子孫。其地東止甲乙，／南止丙丁，西止庚辛，北止壬癸，塚在中央。所／有精邪鬼魅不得妄有争占。／

保人章堅固，見人李定度，／書契人天官道士。／

太上敕急急如律令。／

公諱邦榮，字君慶，娶同鄉黃氏。生男三人：／庭堅、庭昌、庭秀。女一人。相継公／亡。男孫四人，女孫二人。新婦三人：陳氏、李氏、陳氏。／

紹熙元年十一月日。契券。

七十三、宋彭氏地券　紹熙三年（1192）十月二十日

額篆書：故彭氏孺人地券

維鉅宋壬子紹熙十月庚子朔，本貫臨江軍新淦縣登賢／鄉宣風里湖西上保孝夫聶瑜謹以誠告清江縣茂才鄉／徘徊里百鳳堂之山神曰：故妻彭氏笄年歸我室，所為事／上念下，起居寢餗，未有不法婦則者也。以致訓子孫，延真／儒，建館舍，得良匠。享年五十有九，偶一疾而竟不起，實紹／熙庚戌七月三十日也。生子四人：孟曰邦孚，娶張氏；仲曰／邦榮，娶聶氏；季曰邦直，平昔燈熜，手不釋卷，娶于楊氏；再／次邦義，擬納楊氏。女五一娘，適同里張樞，亦夙好儒學。孫／男孫女六人，皆在毀亂。諸孤卜壬子十月二十日己未扶／護喪櫬，歸于此山。枕以坤申，向以寅甲，據術云吉。是以昭／告山神，伏願斧封之後，亡安存穩，風清氣聚，神宜保之。／地祇不正，欲行干犯，神宜禦之。歲時諸孤上塚，當以貢財／少酹。厚德祇今，故室来棺，敢不誓言，以勒于石。

故彭氏火儒地券

維茲宋壬子紹興十月庚子湖本貫臨江軍新淦縣崇賢
鄉宣風里胡西上保考夫晶瑜謹以誠告清江縣故爲
迢徊里百鳳堂之山神曰故妻彭氏笄年歸我室所爲事
上念下起居寢煉未有不法婦則者也以欽訓子孫延真
儒建館舍得良匠專年五十有九偶一疾而竟不起賣紹
熙庚戌七湖三十日七生子四人曰孟曰邦孚娶張氏舞
邦崇娶霜氏季曰邦百平昔燈懃一手不釋卷娶于楊氏孫
次邦義擬繡楊氏女王一娘適同里張柩杰鳳好儒學孫
男孫女人皆在竪氍諸孤卜以壬子十月二十日己未扶
護孫歸于此山柩以坤申向以壬寅甲擼術云吉是以卜
告山神伏碩斋對之後云安存穩風清氣聚神宜保之
地震槻山神宜彙之歲將詣孤止塚當以實
地祇不正欲行干犯神宜柰柒栢最不譬言以勒于石以
少酹少學懸祇余故室柒柏最不譬言以勒于石以

七十四、宋上官三郎地券　嘉定六年（1213）九月十五日

維皇宋歲次癸酉嘉定六年 / 閏九月一日戊辰朔，十五壬午良 / 日，即有大宋国江南西道建昌軍 / 南城縣可封鄉修仁里巷山西保居 / 住宋故上官三郎，享年六十六歲。 / 本命戊辰建生，忽向南山採藥， / 遇仙賜酒一盃，因醉而不迴。今奉銀錢 / 二千，就土名蒋羅坑地主边 / 永買得陰地穴。其地東止甲乙，南止 / 丙丁，西止庚辛，北止壬癸。上止青天，下 / 止黃泉。永亡者千年塚宅，萬年金壙。

地券從左至右換行書寫。

七十五、宋陶氏埋銘　嘉定八年（1215）四月二十日

宋故陶氏埋銘 /

孺人姓陶氏，家于嘉興華亭，即惜之彭澤令靖節先生之華胄也。十六歲而適里人登仕 / 郎魯永年，和鳴一十三年。而孺人素有令德，中外俱稱。溫順以承上，冲厚以字下。不畧虧於婦 / 道，不敢侮於婢妾。其侍於先太孺人生養喪送，盡哀成礼。是宜允膺福壽，集咸母儀。□□□ / 遷之別墅，刱之新弟。夫妻子女將期安榮百歲，日遂團欒之適。夫何稟命不淑，享□二十 / 有八。嘉定六年夏五月二十五乙丑日，遽尔得疾，□□兼旬。六月十四癸未日，殞于正寢， / 良可惜哉。嗚呼！孺人生男一人，曰觀求。女三四人：長曰蓮娘；次曰進第；三曰妙娘；四曰□娘。□未及 / 笄冠。凣我親属，其痛巨乎！遂以嘉定八年四月二十日，葬于當縣東鳴鶴□之南六里橫瀝涇 / 西之原。且以是日授□璘曰：「汝之姨孝於家而睦於族，義於夫而礼於黨，今則去我□ / 矣，吾 / 无以報焉。平昔常謂汝謹而誠，願以為銘，庶幸而□□神心其安乎，吾無恨矣。」璘□惻而 / 受，故為之銘以旌之。銘曰： /

嗚呼孺人，性禀天真。律己自約，抽財及貧。□□君子，職供采蘋。齊家有道， / 淑德邁倫。承上字下，惟義是親。皇天不壽，奄棄世塵。涓辰旣良，葬之高岡。 / 震龍兊虎，神寧躰藏。子孫百代，遺芬寖昌。是銘是告，久久不忘。

進士顧處仁書。 /

嘉定八年四月日，親末保義郎張璘述。

七十六、宋陳十八地券　嘉定八年（1215）十月七日

額正書：地券

　　謹按小嶺之山，陳氏得而為之主有年數矣。曾／祖大承事葬其中，據陰陽家流推攷其地云：在／祖壠之右，出塋之十武，枕亥首而巳丙其向，水／流于東，帰于南，尚可立塚。扵是命龜而卜揲筴／而筮，僉□□□。復□其窀穸之辰，又得吉。士秀／謹以嘉定乙亥歲十月初七日壬辰，奉先君／十八上□之枢祔于□。敢告于山川之神曰：山／則陳氏之所主，而神實居之。妥靈于此，魑魅魍／魎不安分守，輒□憑陵，来干吾纪。仗神之威，擁／衛呵護。取彼犯者，葬之遠方。俾先君獲安兹土，／而子孫世受其福。春秋以時祭祀，神亦淂而與／享之。士秀泣血謹券。

七十七、宋符氏地券　嘉定十六年（1223）九月十七日

額正書：地券

維皇宋嘉定十六年歲君 / 癸未月建壬戌十七日丙 / 辰，孝孫章戊孫謹以曾 / 祖妣孺人符氏靈柩安葬 / 于茲，坐寅向申，水就庚流。 / 今奉 / 上帝敕令，告爾山 / 神，董率□獸，呵斥不祥，以 / 妥亡冤。春秋祭祀， / 神實與享。祈爾 / 降祥，縣延後裔，泣血以告。

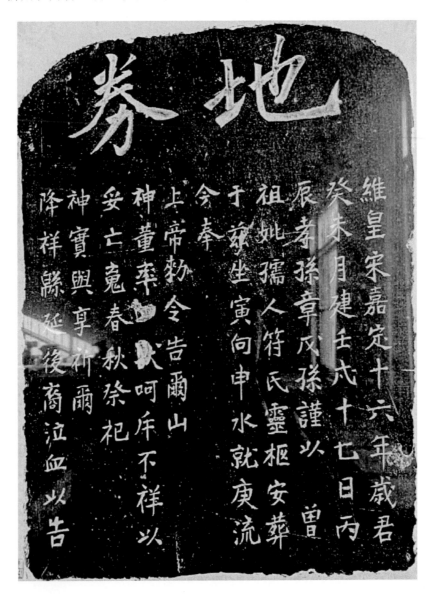

七十八、宋蔡氏地券　淳祐元年（1241）九月十一日

額正書：地券

　　旹歲辛丑。／維皇宋淳祐元年九月丙戌朔越十一／日丙申，哀子黃克謙、克昌以／父命奉／先妣夫人蔡氏之匶克葬于西畿／原之陽，礼也。其山西兌，行龍坐軋／亥，向巳巽。其水流申庚，歸甲艮。敢泣／告于／此山之神曰：先妣冥宅訊于靈龜曰，／惟茲食是用不違，惟／神申固畛域，式妥／靈棲。庶俾後昆是休，是宜目旹致祀，／尔神亦永無遺。謹券。

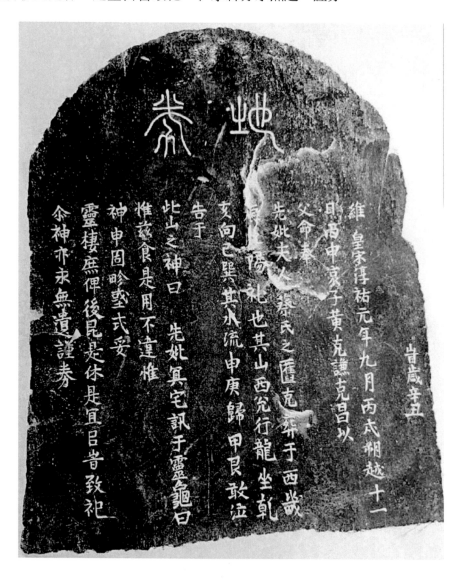

七十九、宋翁妙眞壙記　淳祐九年（1249）八月二十日

額正書四行：宋故／翁氏／孺人／壙記

先妣翁姓也，諱妙眞，世居隆興府豫章人。曾祖燮，前寶慶府縣尉。祖光遠，父文郁。／妣性資淡净，志識先明。處族睦鄰，美不盡善。事親敬夫，重其尤謹。先君安強早／世十有八年，先妣孀居堅節，克全孝義。奉養公姑，蘋藻之薦，斷葱必躬。撫恤兒／女，婚嫁之禮，驅條有斷。幼女未筓，抱病之際，常祝煜曰：「篤以箕箒，訓以蚕桑，庶其／有家，終有松蘿之托。願其疾愈，以滿吾母之志也乎。」為蒼天不仁，奪其壽考。嗚呼／痛哉！先妣生於紹熙癸丑十月二十五日寅時，享終五十有七，卒於淳祐己酉／七月初四日癸酉。男煜娶吳氏。孫男曰誼老。女二人：長適同邑揭從龍，次許適進／邑胡三德。於是年八月二十日己未，煜忍死以奉先妣之靈柩，葬於饒州餘干／縣德化南鄉五里之源父祖墓塋之側。姑勒大槩，以紀歲月云。爰立券曰：／

葬必買地，垂訓自古。鬻地一區，穴而為墓。告于蒼天，以及堲土。／乹山行龍，辰巽向止。左遶青龍，右踞白虎。前對朱雀，後坐玄武。／中有勾陳，各守職位。魑魅魍魎，不得邀阻。山精鬼怪，遠去佗所。／敢有干犯，罪不赦汝。坵丞墓伯，巡警呵護。此疆彼界，各有其主。／亡甍安妥，幽宮永固。向千萬年，福及胤祚。誰書此券，管卿石楮。／子虛烏友，同證思語。

急急如律令。

孝男朱煜泣血謹書。

宋故
翁氏
孺人
壙記

先妣有姓世諱妙氣世居隆興府豫章人曾祖燮前寶慶府縣尉祖光遠必文郁

姓性姿淡淨志識先明厥族睦鄰美不盡善事親敬夫重其尤謹　先君安強早

世十有八年　先妣嬌居堅節克全孝義奉養公姑葹藻必篤折蔥必躬撫卹見

女婿嫁之禮贐條有斷勒女未許抱病之際常祝煜曰篤必箕帚訓以委桑廡其

有家終有松蘖之托願其疾愈必蒲吾母之志也乎爲吾奮天不仁奉其壽考嗚呼

痛哉　先妣生於紹熙後丑十月二十五日寅時享絲五十有七辛亥淳祐巳酉

七月初四日癸酉男煜娶吳氏孫男曰謐老女三人長適同邑揭從龍次許適進

邑胡三德於是年八月二十日巳未煜忍死以奉　先妣之靈柩葬於饒州餘干

縣德化南鄉玉里之源父祖墓塋之側姑勒大槩以紀歲月云爰立券曰

葬必買地　垂訓自古　驚蟄地一區　穴而爲墓　告于蒼天　以及厘土

乾山行龍　辰巽向止　左達青龍　右躍白虎　前對朱雀　後坐玄武

中有句陳　魁魀魍魎　不得遏阻　山精鬼怪　遠去佗所

敢有干犯　罪不赦汝　垃丞墓伯　巡警呵護　此疆彼界　各有其主

亡冤妄妾　幽宮永固　何千萬年　福及胤祚　誰書此券　管卿石楮

子盧爲友　同證恩語　一憑慈如律令

孝男朱　煜　泣血謹書

八十、宋揭升龍祖父母地券　寶祐元年（1253）八月十三日

額正書：地券

維皇宋寶祐元年歲次癸／丑八月丁未朔越十有三日／己未，孫揭升龍、福孫、恩孫昭／告于碧山之神曰：昔我祖／居無不利，今塋祖妣實吉地。／向子廉壬龍丁未，水流亥軋／有源委。亡靈孔安賴神庇，驅／掃魍魎及魑魅。子子孫孫昌／而熾，春秋神亦與饗祭。謹券。

八十一、宋吳氏墓誌　寶祐四年（1256）三月二十九日

額正書：宋故孺人吳氏墓誌

孺人沠自吳姓，居於鈐岡邑西，生長儒家，厥父厥弟皆 / 蜚聲璧水。及笄，出侍清河裔，均一儒流。而能婦道肅 / 雝，閨儀簡靜。相夫盡善，訓子尤勤。事公姑克盡孝敬，/ 處姒娌每篤謙恭。自出適迄今一十六載，凡闈門之內，至同 / 堂合室之中，和氣藹然。自非心地和平、性天軒豁，能如是 / 乎！意謂仁者有壽，豈期天不假年數，閱三紀一疾而終。/ 所幸子已長成，可訓詩書；女雖癡幼，幸脫繈褓。況孺人 / 瞑目之後，山川効靈，嶽瀆助順，清奇秀麗，拱揖環抱，/ 融結佳城。為萬年福地之祇，皆造物之所以陰相孺 / 人者，其在於茲。生於庚辰年十一月二十三日巳時，/ 不幸終於丙辰年二月二十日。以是年 / 三月二十九日庚申良利，安葬於神龍鄉鍾山里，地名皂穴，/ 丑艮山丁未向風水。謹書于石以記之。/

甞寶祐四年三月吉日，孝夫張明夫、孝男榮祖、孝女張二十娘泣書。

八十二、宋袁六一娘地券　咸淳二年（1266）八月二十五日

額正書四行：宋故／袁氏／太君／地券

　　維皇宋咸淳二年太歲丙寅月辛酉朔廿五乙酉，即有大／宋國江南西路撫州臨川縣長安鄉安居里姑陂東保居孝／張世通、世達、世安、世元，新娠黃氏二娘、張氏一娘，孫子明、志才、子全、／子才、子成、子志、子貴、十三，女孫一娘、二娘、三娘、四娘，孫新娠陸氏、吳氏、吳氏、／徐氏、徐氏，延孫九二、九三、九五、九六、九八、九俚、細十、細十一、妹俚、細妹、／姑俚，即為亡母袁氏六一娘元命丁酉六月酉時生，享年九／十歲。今年二月十九日以疾傾逝，用錢九千九百九十九貫文、信敝（幣）／詣五土冥王開地司永買陰地一穴。土名黃二源，南离山龍収艮／山作坤向，元辰帰申酉，長流安厝。宅兆東西南北內勾陳，／分掌四域，內坵墓伯，分步界畔，齊整千百。千秋永世，悉／無殃咎。輒有犯呵禁者，將軍亭長収付河伯。合預／今年六月十一日斬草，財地兩相交付。龜換協従（從），相襲吉。土匠修／榮，安厝之後，永保吉昌。見人歲分，主管人直符。／故氣邪精，不得忤恠，先居永避。

宋故
袁氏
太君
地券

故本亦積不得忤地　先居永避
蒙安厝之後永保吉昌　見人歲公
六月十日斬章財地西相交付龍煥協從相　主青人　在
無疾卧輒有妣阿禁者將軍季長收付河伯令預今年
仍掌四域內近墓伯份步界畔奉劵千百千秋永世無
山作坤同元辰歸申酉長流安晉宅兆東西南北內向陳
諧至寅壬閏地司永買陰地一丘右名黃一源南禹山龍收良
姪即為毎表氏六孃元命正酉六月六日酉時生　享元
徐氏徐氏延孫九二三九五九六九八俚細十細十妹俚棵
手于泰于志貴士安棵一孃三孃四孃新媛陸氏吳氏吳長
張世通世蓮世安世元新媛黃氏一孃張氏一孃孫子明志才全
宋圓江南西路撫州臨川縣長安鄉安居里姑改東保居壽
維星宋咸淳二年太歲丙寅八月辛酉朔廿五乙酉即有人

八十三、宋楊有才壙記　咸淳五年（1269）十二月二十五日

額正書：宋故弘農五公壙記

公姓楊，名有才，乃崙鄉嶂下人也。幼失怙恃，長於丙子年間贅居廈 /
欄頭吳氏之家。為人磊落淳直，待人接物，應酬不倦。善於幹蠱，鞭箠 / 有
方。事上有礼，行事以公，故人信任焉。而夫妻營運，生理日厚，視昔 / 奚啻
過半矣。亦嘗延師教子誉孫，与親戚鄰里无不相德，公之天性 / 也。所自学
孫繁盛，合門輯睦，人俱以善稱。庚申，吳氏先棄公而往，葬 / 于坪上園內外
父之傍，去家數步而近。逶公一日呼其子，而俾令各 / 立門户經營，意謂晚
季優閑可享。至咸淳己巳春，偶嬰微喘，福藥弗 / 救，竟卒於三月初五。公
生於紹興壬子七月廿一，享年七十有八。子 / 三人：長子元，娶曾；次曰子
文，娶威；三曰子貴，娶張。男孫四人：文達、文徳、文 / 冨、文旺。孫媳婦
一人，威氏。女孫一人，納豐城萬必亮贅。外孫一 / 人，子寬。外女孫二人：
長適劉；次未議。於是年臘月廿五丙申，再奉柩 / 穿其吳氏之塋而合葬焉，
坐壬向丙，亦公生前所主也。葬之前期，諸 / 孤諉予曰：「亡父帰窆，願摭歲
月。」辭之不得，故為書大槩云。

宋故弘農五公壙記

公姓楊名有才乃嵩鄉巇下人也幼失怙恃長於兩子年間贅居優
欄頭吳氏之家爲人磊落淳直待人接物應酬不倦善於幹蠱鞭篝
有方事上有礼行事以公故人信任爲而夫妻營運生理日厚視昔
羨嘗過半矣亦嘗延師教子嘗孫与親戚鄰里元不相德公之天性
也所呂学孫繁盛合門輯睦人俱以善稱寅申吳氏先棄公而往䖏
于坪上園内外父之傍去家數娧而近逡巳一日呼其子而俾令各
立門戶經營竟謂晚李優關可享至咸淳巳巳春偶嬰微喘福樂弅
救竟卒於三月初五公生於紹興壬子七月廿一享年七十有八子
三人長子文婴三曰子貴娶張男孫四人文達文
冨文德文旺孫媳二人長適劉氏女孫一人納豊城萬必亮贅外孫一
人子寅外女孫二人長議於是李臈月廿五丙申再奉柩
䇿其吳民之壙而合葬爲坐壬向丙亦公生前所卜宅也菲之前期諸
孫謀子曰亡父歸空顛擻歲月聲之不得故爲書大槩云

八十四、宋劉必登壙記　咸淳九年（1273）正月六日

額正書三行：宋故／劉君／壙記

公姓劉，諱必登，字伯瀛。世居撫之臨川璜左，曾太……／父世傑，皆隱德弗耀。惟我先君禀性温良，處事以……／公娶同邑危氏，生男二人，長應日，次應璋。長娶安……／朱氏，早逝。再娶本邑何氏，生男一人，名□孫。次應璋……／今未有出焉。公方畢子平之債而頤養自如，以終餘年……／秋，以微疾卒於正寝。公生於嘉定之己巳，終於咸淳……／有一。越四年正月初六日，奉公枢葬于螺峯之陽，其地……／癸，結頂坐子丑，作未坤向坤申，水朝歸巽巳，寅甲長……／未暇求銘於當世之顯者，謹摭其大槩，納諸幽，以……／

咸淳九年癸酉正月初六日孝男應璋泣……

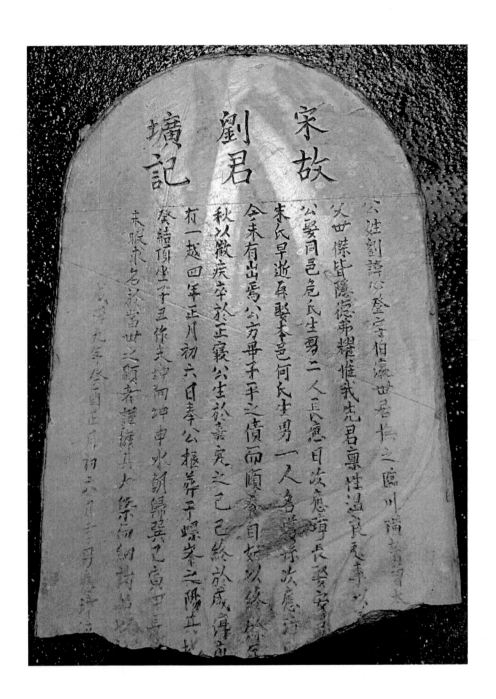

八十五、宋徐思義岳父地券　咸淳十年（1274）十月十七日

　　額正書：地券

　　維皇宋咸淳十年十月癸卯／朔越十七日己未，孝壻徐思義／謹哀告此山之神曰：維山近／迹橫嶺，蜿蜒起伏而降勢于鐵／符坡之陽。昔也，外妗于茲是／窆，今又將奉外舅之柩而歸／藏。有若坐向不易，其方尚賴爾／神呵護，以妥先亡。則春秋祭祀，又奚敢忘。

八十六、宋傅氏太君地券　咸淳十年（1274）十一月十二日

額正書四行：宋故／傅氏／太君／地券

維皇宋咸淳十年歲次甲戌十一月一日癸酉／朔十二甲申良辰，祖考諱仁襲，先考諱宗顯，本貫／臨川長樂鄉之長崗。孝夫傅子罕伏為亡室傅／氏太君元命丁卯年九月二十四日辰時，享年六／十有八。生男一人，國用。媳婦傅氏。孝孫丗清，孫媳／婦傅氏。孝延孫趙老。女孫辰娘。太君卒扵癸酉十／一月初二日，今卜塟于祖壠之傍，坎山行龍，坐乾／向巽。虎鋸龍盤，山水朝揖。東止甲乙，南止丙丁，西／止庚辛，北止壬癸。上止青天，下止黃泉，中止亡人／塚宅。用銅錢九伯九十九貫文。所置應有山神土府，乃古跡神壇，不許争占。如違，準／天律施行。張堅固作牙保，／書契人天官道士，李定度交錢分明。謹券。

地券從左至右換行書寫。

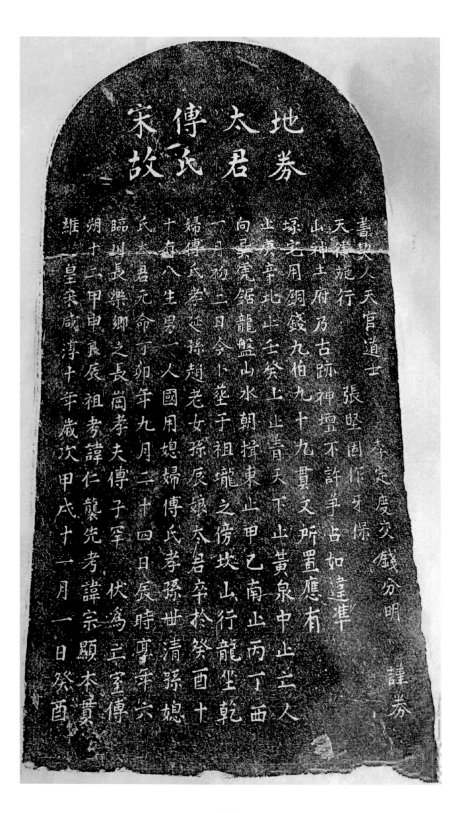

地券　太君　傅氏　宋故

書奏人

天律施行

山神土府萬古跡神壇不許爭占如違準

塚宅用錢九伯九十九貫文所置應有

上庚辛北山壬癸上青天下山黃泉中止三人

向弓霓鋸龍鑑山水朝揖東山甲乙南山丙丁西

一丹枌二日令小葦于祖寵之傍坟山行龍坐乾

婦傅氏孝延聳趙老女孫辰娘太君卒扵癸酉十

十有八生男一人國用媳婦傅氏孝孫世清孫媳

氏太君元命丁卯年九月二十四日辰時享年六

臨川長樂鄉之長崗孝夫傅子軍伏爲正室傳

維朔十二皇宋咸淳十年歲次甲戌十一月一日祭酉

天官道士

張堅固作牙保

李定度交錢分明　謹券

—141—

八十七、宋蘇符墓磚

宋東坡曾孫白鶴翁嗣／司農少卿蘇公之墓。

八十八、金崇遠塔銘　貞元三年（1155）六月十日

故義井寺住持遠公和尚塔銘并序 /

太白山釋普明撰，法孫僧了性書丹。 /

信佛言而解佛理者，實難其人。解佛理而行佛事者，尤為難矣。若乃深信其言，善 / 解其理，能行其事，果有所證者，其唯遠公和尚矣。師諱崇遠，姓荊氏，京兆萬年 / 人也。曾高之下，家世業農。積善傳芳，代為著姓。師居家廉正，閭里稱賢。不喜諠譁， / 未嘗戲笑。其性淳厚，其言簡直。居一日，喟然歎曰：「塵勞愛綱，無有出期。生死大事， / 如何為備。」遂乃頓捐俗累，決志出家。建中靖國之初，依牛頭山福昌寺傳大乘戒 / 律德沙門惟省為師。稟教落髮，進具之後，三業無暇，梵行既嚴，仁風外著。崇寧乙 / 酉歲，有大檀越、故贈武義大夫韋公宗禮率眾具禮，請住神禾原義井寺，仍施田三 / 百畝，以助供僧之用。師應緣而往，隨力經營。三二年間，安眾所須，無不嚴備。韋公 / 又施大藏經五百函，師每焚香披覽，目照心印，三復其文。雖酷暑祁寒，而手不釋 / 卷，寺務之外，閱周三遍。得非信佛言而解佛理者乎！師安眾住持二十餘年，興修 / 殿宇九十餘間，供佛延僧年無虛日。鑄大鍾一頂，起重閣以安之。至扵名花甘木， / 森然行列。每有高道之士，多居師席，四事供承，無不周足。度門人子秀、子潤、子澤、 / 子璋、子昱、子才、子昌、子嚴荸八人，師孫宗覺、宗正、宗寶、宗定、宗義荸五人。師功德 / 兼濟，利及自他，清净之風，聞于遐迩。得非解佛理而行佛事者乎！以靖康丙午歲 / 六月示疾，二十三日昧旦，召門人子璋，令集眾念誦。師即跏趺端坐，合掌正念扵 / 佛聲、磬韻之中，寂然入滅。停經四日，顏皃如初，仍有異香騰于庭宇。嗚呼！唯師末 / 後一着，竒特過人。得非果有所證乎！師享壽七十三，僧臘二十六。即扵其月二十 / 六日，門人奉全身葬于寺西，起塼塔以表之。是日也，有雲如蓋，蔽日清涼。葬事既 / 周，雲銷日出，其感應又如此焉。嗚呼！師以正信出家，以正見行道，以正智而興福， / 以正念而歸寂扵吾佛之門。豈為小補哉！今講經律論臨壇戒師璋公即師門白 / 眉者也，持師行狀来乞其銘。普明素欽高行，義不可辞。但愧非文，直書其實。銘曰： /

至哉佛子，性蘊仁賢。頓裂愛綱，俄登法筵。戒珠內熒，德譽遐宣。副彼檀越，興于福 / 緣。闢斯曠土，刱此金田。願力攸濟，殊功自圓。三拔大

藏，久造深淵。照了心地，光輝／義天。一生事畢，端坐歸全。白業隆矣，清秀藹然。雲飛大頂，水瀉樊川。雲水無盡，真／風永傳。

自統癸亥求得其文，至貞元乙亥歲，有長安縣信士邵宣就寺薦親，筵僧供講，遂施刊石。／

傳法師孫永淵、普遵、德瑱、祖淳、廣淵、普来、祖月、崇教、文璨，師姪監寺僧子皋，師孫住持僧宗寶，孫荊璧。／

小師前京兆府管內僧正、講經律論臨壇傳戒沙門子璋，貞元三年六月十日建，孫文奭刊。

（清）陸增祥編：《八瓊室金石補正》卷一二三《義井寺崇遠塔銘》刊有錄文。

八十九、金張守仁墓誌 大定四年（1164）九月二日

大金大興府易州淶水縣故敦武校尉張公墓誌銘并序 /

朝奉大夫、前行代州五臺縣令、騎都尉、賜紫金魚袋李構撰。 /

公諱守仁，字居道，世為縣之鉅族。曾祖文顯，祖開，父公孝，皆積 / 德
拎己，流惠拎人，宜乎篤生拎□□□□公之德業材能則多 / 矣，第以班班可
稱著，略得其數事焉。公在妙齡，事父母始終克 / 謹，斯見其孝也。平居鄉
黨間，常以汎愛賙人之急，斯見其仁也。 / 國朝天會中，尚徵□討叛，取郡縣
良家子□預其籍。當拎簽選 / 之際，户户人人鮮有不為□避，罄辭而相爭免
者。公獨果敢徑 / 請備行，而大為族系喜，與之多，斯見仁者有勇也。既而
屯駐拎 / 淮壖，帥府知能，授以謀克職，厥後以功轉補前件名品。時 / 方愈
被陞擢，無何疾作，得告言還，遂盡出從来囊橐所有，以贍 / 單貧不給者，
斯見其義也。止留《孝經》一編，歸遺其子，以益義方 / 之訓，斯見其賢也。
及家都月餘，遂至不起，乃天德四年二月二 / 十有二日也，享壽三十有八。
嗚呼！其有德業材能，不見昂立拎 / 人上，而復夭閼丁年，不知上天報施其
何如哉！然能慰恨者， / 賴有賢配王氏，居孀節操，金石匪堅。令子瓛，力學
修業，有聞拎 / 時，有以見夫尔後其興乎。越大定四年九月二日坤時，奉其
喪 / □葬拎縣之遒亭鄉瓦□原。銘曰： /

公其富有兮德業材能，略舉□□兮班班可稱。宜拎仕路兮超 / 擢進陞，
胡為壯歲兮患禍相仍？上天報施兮夫何足憑。賴有賢 / 配兮執德惟恒，復有
令息兮善拎繼承。卜筮窀穸兮咸得休徵， / 神靈安處兮百福是應，高門奕世
兮永永其興歟。

墓誌藏河北省淶水縣文管所。考釋文章有倪彬：《金代張守仁墓誌考》，
《文物春秋》2013 年第 3 期；孫建權：《金朝前期確有「朝奉大夫」——與倪
彬先生商榷》，《文物春秋》2014 年第 2 期。

九十、金王吉地券　大定十五年（1175）四月二十二日

額正書：進義校尉

維大金河州廓下寺新／店居住王吉於二月二十日歿／故，自辨（辦）淨財修塼堂一所，／卜宅兆，四月二十二日遷葬。／東至青龍，西至白虎，／南至朱雀，北至玄武。／見從者壽命延長，亡過者早／達西天之路。／

乙未大定十五年四月日，進義校尉王吉建。

地券見臨夏回族自治州博物館：《甘肅臨夏金代磚雕墓》，《文物》1994 年第 12 期，第 46～53 頁。

九十一、金濟公和尚塔銘　明昌二年（1191）二月十五日

額行書三行：濟公／和尚／塔銘

資聖院／試經具戒比丘門人，／講法華經沙門明泰／明諫／明堅，／明昌二年二月十五日建。／鹿泉張旺刊。

九十二、元楊小一壙記　至元十七年（1280）十一月八日

額正書二行：楊公／壙記

維大元至元十七年十一月己亥朔越八日／丙午，孤子楊㕫礼、元茂，孝妻張氏，女一娘、回娘、丑娘，謹泣血奉／先父楊小一承事靈柩來附葬于厚忠坑之原，／祖妣墳之傍。用昭告于此山之神曰：維先父／半世辛勤，百謀營殖，鞭箅心計，家道以益。奈何／有男尚幼，有女未適，孰謂享齡不克多歷。生于／前宋端平乙未五月初二之丑時，享年四十有／六，殁于至元庚辰八月二十七夕。爰卜宅兆，／它莫獲吉，無逾此山。山川融結，歷震而坎，來龍／發迹，座壬向丙，山朝水挹，靈實妥此。良時吉日，／尚賴尔山之神，呵除不祥，俾先父之神安兮，後／嗣益昌。庶春秋之祭祀，尔神亦得以與其饗。謹／記。

清江前試國學進士敖介撰。

楊公壙記

維大元至元十七年十一月巳亥朔越八日丙午孤子楊昇孔亥筹葉妻張辰女一娘回娘謹江血奉先父楊小女承事靈柩來附葬于厚忠坑之原祖妣壙之傍用服告于此山之神曰維先父半世辛勤百謀營殖鞭箄心計家道以益奈何有男尚幼有女未適耽謂享齡不克多歷生于前宋端平乙未五月初二之丑時年年四十有六殁于至元庚辰八月之二十七又爰卜宅兆宄莫獲吉無逾此山山川騶峙歷震而坎來龍發迩座壬向丙山朝水起靈寶妥此良時吉日尚賴尔山之神呵除不祥俾先父之神安亨後嗣益昌廣春秋之祭祀尔神亦得以與其饗謹記

清江前武國學進士敦介撰

九十三、元饒襲壙記　　至元十七年（1280）十二月二十四日

額隸書四行：西山／居士／饒公／壙記

　　先君饒姓，諱襲，字景傳，世居撫之臨川南塘。曾大父／宗盛，大父元，父堯卿。先君生於石湖舊屋，弱冠／建第於隔水之西，自號曰西山子。偕先妣高氏協力／經營，門廡一新。延師教子，又其志也。歲在戊申，不幸／先妣傾逝，先君失助，諸事解弛，僅了兒女婚嫁而已。／先君生於嘉泰壬戌七月二十一日，不幸於至元丁丑／正月初四日，以微疾弃世。嗚呼痛哉！男良實，新婦胡氏，／継陳氏。良宝先卒，新婦徐氏，継李氏。女嗣徽，適國學／進士陳清之。孫男馭、馼、驆、鼎孫，皆先卒。次芷孫、慶孫、鳶／孫。孫女二人。男曾孫慵姑。女曾孫二人。以至元庚辰臘／月二十四日壬辰，孤男奉柩歸葬于桓塘下西偏，乃／先君自營壽藏也。其地取亥□行龍座作艮向，前有／寅甲水朝歸于午丁而去。倚歟休哉！謹勒石，寶諸幽，聊／記歲月云。孤男良實泣血謹書，義男李庭桂填諱。

西山
居士
饒公
壙記

先君諱姓諱襲字景傳　祖撫之臨川南塘　曾
宗盛　太父元　父長卿　先君生於吾湖舊居䢵冠
建第於隔水之西自�34曰西山子偕　先妣高氏拗㡭
經營一鄉一新延師教子又其志也歲在戊申不幸
先妣頓逝　先君失助諸事解弛惟子見女婚媾
先君生於嘉泰壬戌之月廿二卯不奉於至元辛丑
正月初四日以微疾卒越即月良男貴卿侍側啼
經床及真室先卒新婦徐女雄李氏女訃慟胡氏
進士陳濟之孫男取雄殘孫孫男良其詞微頃國學
孫孫女二人男曾孫壙妥先府次偏愛孫孫胡長
月二十四日㡭長孤男妥　婦葬于柏壙丁酉偏乃
先君自咨喪職也其地取㡭　女曰丁酉偏膝
寅甲水朝歸年平下而去偏与休哉謹勒石㴳諾幽膝
記成曰公号良資泣血謹　義男等庶桂壙諱

九十四、元楊伯清墓誌　至元二十二年（1285）八月十九日

額正書：楊公墓誌

公諱伯清，淦水登賢塘西人也。公性直而溫，寬而栗。剛而無虐，簡而無傲。礼從宜，使從俗。不侵侮，不／好狎。不苟訾，不苟笑。善語言，好賓客。亦一鄉之偉人也。早年，操其資贏，貨殖四方。未幾，而立肆道左，以／其所有易其所無。榷酒酤之利，輪奐一新。自言如見地上錢流，信矣！公生於戊辰嘉定九月二十六日，娶譚氏，／生男二人，女二人。長男妻張氏，次男妻皮氏。長女適清江崇孝之何，次女事同都全里之段。譚氏以戊寅五月／卒，公以中饋无人，遂怠於出入，杜門养性，生清淨心。意謂身如湏弥山王，成就希有。奈之何，天乎天乎！不假之／以上壽乎！忽一日，公病革。喚諸親婘而告之曰：「人生七十者希，今年登七十有八矣。生於大宋，死於／大元，又何憾焉！」遂終于正寢，岂乙酉至元六月二十四日也。長男紹祖早逝，孝男孝龍，孝女三娘、四娘，孝／媳婦張氏、皮氏，孝男孫㕂礼、㕂盛、元茂，孝女孫一娘、二娘、三娘、妹娘、丑娘、滿娘，曾孫壬娘，以八月十九己未吉日，／奉柩葬于清江茂才後中坑之原譚氏之側，作乹亥山巳丙向。山青水秀，虎踞龍盤，為公歸藏之所。／敢以公之性、公之德、公之生、公之裔，勒諸石之珉者，以記歲月云耳。岂乙酉至元八月十九日謹題。

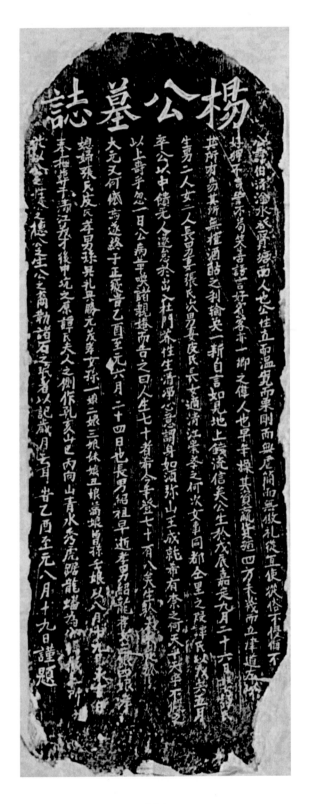

九十五、元徐榮一宣教地券　元貞元年（1295）十二月二十一日

額正書：地券

維大元元貞元年歲次乙未十二月庚子朔越 / 二十一日庚申，竜興路富州富城鄉四十五都 / 覺溪敖上塘門，今寓居撫州崇仁縣長安鄉二 / 都會昌里孤子徐黃姑、戊姑，孝女滿姑上侍母 / 黃氏家眷等，奉亡父榮一宣教徐公靈柩葬于 / 富州富城鄉四十五都地名余坊祖塋之旁。敢 / 昭告于此山之神曰：亡父生於晚宋淳祐辛亥 / 二月十一日夘，卒於至元壬辰二月廿六日。今 / 當掩壙，謹勒石與山靈盟曰：睠惟茲山坐亥向 / 巳，惟山之神是憑是依。其或魍魎所居，螻蟻所 / 國，狐兔所穴，神其殛之。継自今山明水秀，子孫 / 昌吉，神之賜也。春秋祭祀，爾神其與饗之。謹告。

地券

維大元貞元年歲次己未十二月庚子朔越
二十一日庚申章興路富州富城鄉四十五都
覺溪教上塘門今寓居撫州崇仁縣長安鄉二
都會昌里孤子徐黃姑戊姑孝女蒲姑上侍母
黃氏家眷等奉一父榮一宣教徐公靈柩葬于
富州富城獅四十五都地名余坊祖坐之旁敢
昭告于此山之神曰亡父生於晚宋淳祐幸亥今
二月十一日邪卒於至元壬辰三月廿六日向
當擇環瓊謹勒石山靈憑是依其或魍魎所居蟻
巳惟免所尤神其殛之繼自今山明水秀子孫
國狐兔所尤神其殛之繼自今山明水秀子孫
昌吉神之賜也春秋祭祀爾神其與饗之謹吉

九十六、元雷恭地券　大德六年（1302）十二月一日

額正書：地券

　　相厥陰陽，卜其宅兆，偶得龍眠之地，將／營馬鬣之封。雖是開皇地主所司，幸有／直日功曹可托。茲用一万財帛，遂買四止山／林，土名東峯嶺下陰地一穴，中作雷恭吉宅。／外嚴土段，分界明文。東止甲乙，西止庚辛，南止／丙丁，北止壬癸。墳心各去六十步，永為蔭益万／年。知見堅固仙人，書契天冠道士。尚慮人鬼交／爭，故立券文為照。／

　　大德六年十二月初一日立。

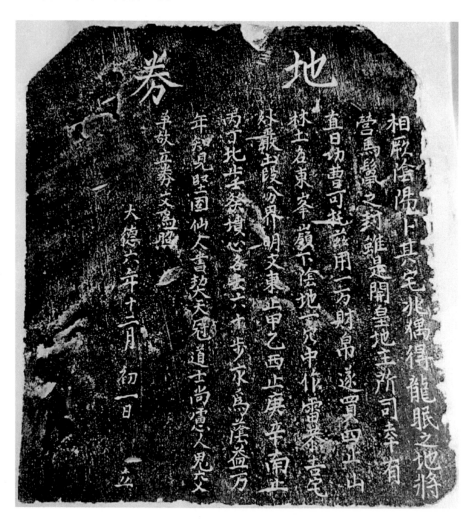

九十七、元阮泰来壙記　至大元年（1308）十一月十七日

額正書三行：先君／阮公／壙記

先君諱泰来，字林遠。陈留，其郡也，乃臨江新淦人。曾／祖成，祖仲有，父敬祖，皆晦迹不仕。始祖元迁新喻山／觀，曰高祖出継于稍堎弓，其後家于淦之珠溪。後扵／宋癸亥，父命迁于冨堆也。先君性質直而不驕。内／不諂，鄉以誠，族以睦。至扵义方之训，則孜孜不倦。故／後人頗知礼節，機謀計較，以致家道隆昌，皆公之力／也。方欲尽菽水之懽，以終日年壽考。夫何一疾，竟尔／不起，嗚呼痛哉！公娶長監敖，不幸早世。有男三人，／女一人。再娶長監敖。長三聘，娶謝氏；次三錫，娶敖氏；／三顧，娶李氏。女六妹，適厚里曾三異。孫男六人：長士／俊，娶肖氏；次士衡，娶周氏，早世；士榮，聘胡氏；士弘、賢／孫、辛保，皆幼。女孫六人：長一妹，適厚里曾；次二妹，許／易壙易；美妹，許拏陂李；满妹、住妹、蘭妹，皆幼。曾孫一／人，聖保。公生扵宋淳祐癸夘二月十三日夘時，殁／扵大元大德丁未四月十三日，享年六十有五。諸孤／哀以次年至大戊申十一月十七日壬申，扶柩安厝／于新喻山觀鉄炉坑，坐戌向辰，以为宅兆。乃傍祖妣／吴氏之墓、先妣敖氏墓之側也。謹勒諸石，纳于幽宮，／以記歳月耳。孤哀子阮三聘泣血□手敬記。

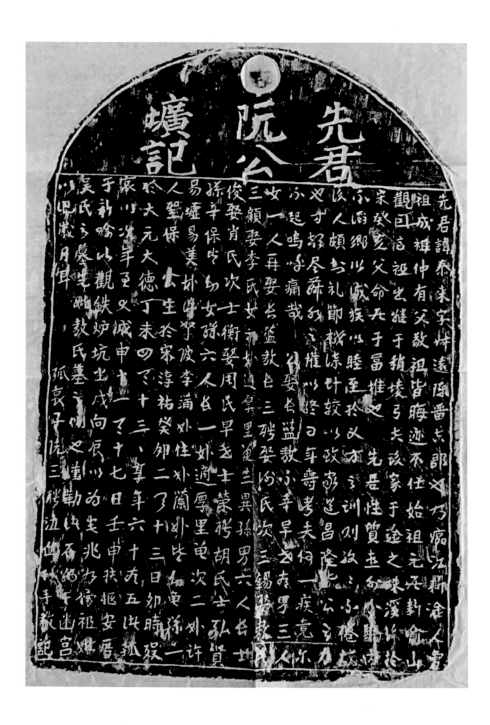

九十八、元周淑善壙記　至大元年（1308）閏十一月五日

額正書三行：周氏／孺人／壙記

故周氏孺人壙記／

亡室周氏諱淑善，曾祖惟永、祖遠、父九七承事，世居臨川／縣積善鄉九十三都之米堆山。以咸淳甲戌歸于我，稟性／和柔，處家勤儉，順事翁姑，輯睦姻黨，好行善事，自內及外，／畧無間言。至元丁亥，鄉閭綠林肆虐，不可寧家，遂遷居于／城東隅之興魯坊。纔獲苟安，倏膺一疾，竟爾不起。生於淳／祐癸夘前八月十二日子時，卒於至大戊申閏十一月初／五日，享年六十有六。嚴親在庭，喪不容久。茲得吉卜于本／縣長寧鄉六都之官塘保余十二園，坐壬向丙，以是月壬／寅奉柩安厝。子應辰，娶李氏。女一娘，適徐庭葵。男孫子忠、／子信。女孫妙真。未能丐銘于名筆，姑摭歲月以納諸幽。夫／楊伯勝泣涕書，臨汝書院直學劉伯壽題蓋。

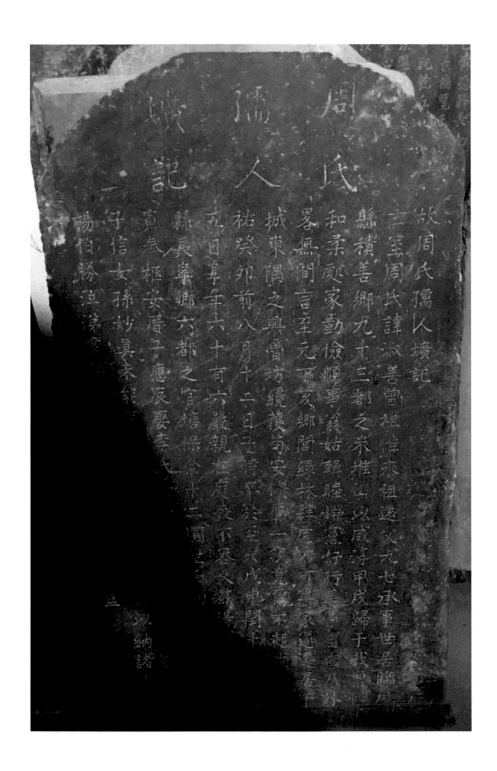

九十九、元王氏墓誌　至大三年（1310）十一月十一日

先妣王氏太君墓

崇仁周淨翁撰并刊。／

先妣姓王氏，世居撫州崇仁潁秀之石背人也。越於／戊辰年歸于我先君，立性朴植慈和，事姑嬋孝，睦姻／族而鄉黨和，訓子孫嚴而慈和，妯娌孝順，處家勤儉／歷艱歉。先妣生於前己酉正月初一日卯時。生男二／人：長仲祥，娶江氏；次仲興，娶李氏。孫男四人：長子成，／娶吳氏；次子才，娶胡氏；胡孫、淨孫，俱幼。孫女二人：留／姑、孝姑，俱幼。方謂菽水盡歡，不幸於至大三年九月／二十三日已疾終，上壽享春秋六十有二。遽一疾弗／起，嗚呼痛哉！於是年十一月甲申，得卜地于臨川之／新豐鄉鄒家住傍。其地坐甲向寅，山寰水遠，卜噬叶／吉。孤書謹記歲月，以納諸幽云。孤子泣血敬書。

先妣王氏大君墓誌　崇仁　周□　井州　撰并書

先妣姓王氏世居撫州崇仁穎秀之石背人也越於

戊辰年歸于我先君立性朴植慈和事姑瑋孝睦姻

族而鄉黨和訓子孫嚴而慈和妯娌孝順慶家勤儉

歷懇歡先妣生於前己酉正月初一日卯時生男二

人長仲祥娶江氏次仲興聖李氏孫男四人長子成

娶吳氏涂子才娶胡氏胡孫渾孫俱幼孫女一人留

姑孝姑俱幼方謂菽水盡歡不幸於至大三年九月

二十三日巳疾終上壽算春秋六十有二遑一疾卒

起鳴呼痛哉於是年十一月甲申得卜地于臨川之

新豐鄉鄧家任傍其地坐申向寅山實水遠卜噎叶

吉孫書謹記歲月以納諸幽云孤子泣血敬書

一〇〇、元王明父母地券　至大四年（1311）四月二十六日

維大元至大四年歲次辛亥四月壬寅朔廿六日丁卯，河南 / 府路永寧縣五里保居住王明同妻潘氏，伏緣父母奄逝， / 未卜塋墳，夙夜憂思，不遑所厝。遂令日者擇此東南 / 高原，堪為宅兆，禘已出備錢綵，買到墓地一方，自方一十七 / 步當一畝，令四十九步合壬穴之數。東至青龍，西至白虎，南 / 至朱雀，北至玄武。內方勾陳，管分掌四域。丘承墓伯，封 / 步界畔。道路將軍，齊整阡陌。致使千秋百歲，永無殃 / 咎。若有干犯，並令將軍亭長，縛付河伯。今備牲牢 / 酒脯，百味香新，共為信契。財地交相，各以分付，今工 / 匠修塋，安厝已後，永保休吉。知見人歲月主，代保人今 / 日直符。故氣邪精，不得干恡。先有居者，永避万里。若違 / 此約，地府主吏自當其禍。助葬主裏外存亡，悉皆安 / 吉。急急如 / 五帝使者女青律令！

一〇一、元熊氏地券　皇慶元年（1312）十二月二十一日

額正書：地券

維大元皇慶元年歲次壬子臘月壬戌朔越二十一日壬／午，富州劍池鄉散田里黃弘毅謹昭告于本州富城鄉富／陂山之神曰：惟茲山起祖羅峯，分派羊角面，囬峯背趙嶺，坐／辛戌，向辰巽，水源千派，合于一溪。朝拱于前，山勢百重，同于／一宗，環擁于外。素威踆其右，震鱗蜿其左。內蘊生氣，草木蕃／廡。惟我庶妣熊氏孺人生於宋戊午六月六日未時，於大德／丁未二月二日酉時捐舎。卜兆云吉，謹奉柩藏焉。惟尔有神，／呵禁不祥，用妥靈魄。俾子孫碩大，蕃衍貴壽。啓佑我世世無／斁，歲時展省，祭祀不忒，惟尔神亦與有飲食。謹券。

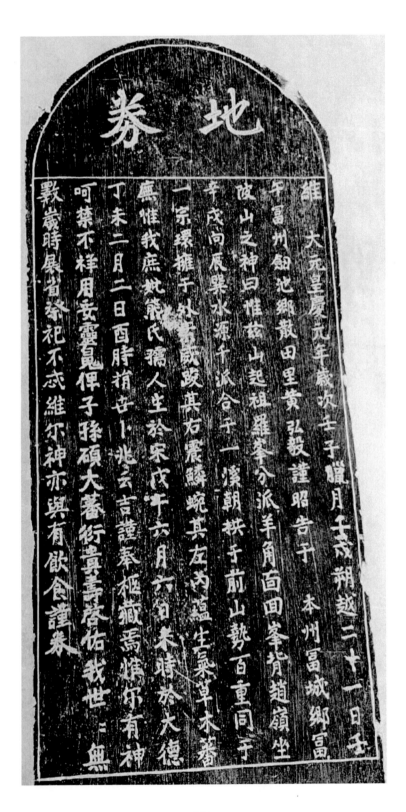

地券

維
大元皇慶元年歲次壬子臘月壬戌朔越二十一日壬
午富州劒池鄉散田里黃弘毅謹昭告于 本州富城鄉富
陂山之神曰惟茲山起祖羅峯分派羊角面回峯拱坐
辛戌向辰巽水源千派合于一溪朝拱于前山勢百重同于
一宗環擁于外卜葳玻其右震麟蜿其左丙塩生氣草木蕃
庶惟我庶妣熊氏孺人生於宋戊午六月六日卒時於大德
丁未二月二日酉時揹安卜兆云吉謹奉柩藏焉惟尔有神
呵禁不祥用安覽俾子孫碩大蕃衍眞壽啓佑我世三無
數歲時展省祭祀不忒維尔神亦與有飲食謹券

一○二、元董妙順墓誌　皇慶二年（1313）九月十九日

額篆書四行：故母／夫人／董氏／墓誌

母夫人董氏墓誌／

夫人董氏，諱妙順，前宋侍郎董居誼之姪女也，屋撫州。生長窖族，／淑德無暇，故配我先人冰壺貢士諱夢得，家世居臨川棠溪里。夫人賦／性端莊，寬和純厚，是以能佐我先人，家道日肥，功名遂意。革命後，遭家／不造，歲在丙戌，奉母遷于金谿之疎溪，築室屋焉。迨今幾三十載，夫人／安居如一日。諸孫滿前，撫育嫁娶，內外無間言。生平且無微疾，宜躋上／壽。夫何一日自整衣服，屋于正寢，惟有痰盛，一夕而逝，癸丑三月二十／七日也。嗚呼痛哉！夫人生扵宋紹定壬辰六月十八日辰時，卒扵／元之皇慶癸丑，享年八十有一。夫人生男重舉，娶吳氏。女二：長懿順，適／臨川山塘龍濱；次懿恭，適臨川烏頓汪文藻。男孫二：長希軾，娶劉氏；次／希轍，娶危氏。女孫三：長净安，適印峯楊應祥；次志安，適淡里胡庭琇；幼／惠安，適楊洲李文俊。曾孫男斌壽，曾孫女如姑。今卜癸丑年九月十九／日丙午，奉柩葬于澳塘龍鱗橋畔。其地震艮，行龍坐亥向巳，水歸坤辛／長流。罪逆深重，不能丐銘扵當世達者。姑紀歲月，以藏諸幽壙云爾。／

孤哀子饒重舉泣血書。

故安人董氏墓誌

亡夫人董氏墓誌
安人董氏諱妙順前朱待郎董君誼之姪女也居撫州夫人生長宦族
得象世居臨川棠溪里夫人賦
我先人我雪兼十謂娶得象世居臨川棠溪里夫人
恬無瑕故配我先人我先人家道日肥功名遠意革命後遣家
住端荘寬和地厚是以能佐我先人家道日
不遺藏庄而家奉夫遠子金盈之疎溪蔡室居焉迫今幾三十載夫人
呼痛哉滿前撫育愛內外無間言生平且無薇疾宜躋上
安君如一日諸孫滿前撫育有嘉慶一夕而逝癸丑三月二十
壽未何十日自鑒孫慈志壬辰六月十八日辰時辛於
元之皇慶癸五享年八十有一大人生男一聚其人女二長適順道
臨川山港龍溪此蕊泰通嗚嗣注久諤男孫二長奇載興鄭代次
鞏竜氏女孫三其年安通阿室暘寶祥次女如志安适哭里胡庭琦珮
思安道楊洲李女信曾孫女如今小姝五斗九月平九
丙申奉柩葬于洪坦龍鏵年其地震良行龍坐亥向巳水歸師辛
羡流罪送滾竇子不能弓孤於當達者姑犯歲月以藏諸壙爰銘而
孤辰子饒重舉血書

一○三、元陳思恭壙記　延祐二年（1315）閏三月一日

　　額正書四行：故男／陳茂／二郎／壙記

　　男諱思恭，字敬翁，世居新淦登賢雙溪人也。曾／祖諱彥明，字□甫。曾祖妣姓楊氏。先祖諱德誠，字／仲信。生於至元丙戌五月十四日申時，娶□／江李。秉性溫柔，處家有道。紹箕裘，修孝悌，鄉里／和，親族睦。誠哉是言，嗚呼噫嘻，悲哉！望吾子以／終大事，天胡不仁，使其一疾弗瘳，而或長往。終／於延祐甲寅三月十五日辰時，享年二十／有八。有男二：長慶孫；次桂孫。女二：長喜娘；次㚇／娘。俱幼。父諱汝珍，字伯玉。母新市朱，於大德／丙午去世。續母南岸饒，祖母書堂保李。弟思道，／童育清江熊；次弟閏郎；幼妹福娘，受本里袁君／祥聘。越是歲閏三月初一日甲寅朔，奉柩塟于／鄒原金剛之原，坐癸丑向丁未，峯廻水遠，以為／吉兆。於是乎書，勒此斯石，納諸幽壙，以記歲月／云耳。父陳汝珍拭淚敬書。

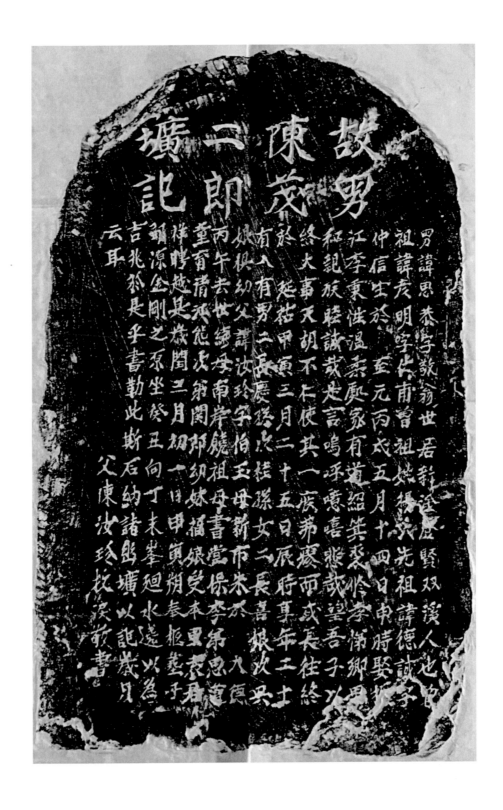

一〇四、元成思中墓誌　延祐三年（1316）十月四日

先考朝奉成公諱思中，字正卿。／祖考承事公諱進，祖妣時氏太／君，居揚之泰興柴墟鎮。父保義／郎、総管諱春，夙喪。承事公侍母／時氏太君徙郡城，囙家焉。壽八／十有四而終，與令人陳氏合葬／於江都縣永真鄉唐家堡蘭陵／溝之原。先考生於丙午十月八／日，享年七十一歲，延祐三年七／月十日卒於正寢。是歲十月癸／酉，奉柩祔葬祖塋之次，與先妣／劉氏同壙焉。廷玉、廷珪未能請／銘鉅筆，謹叙其略，以藏其幽。嗚／呼哀哉！孤子廷玉、廷珪泣血百／拜謹記。

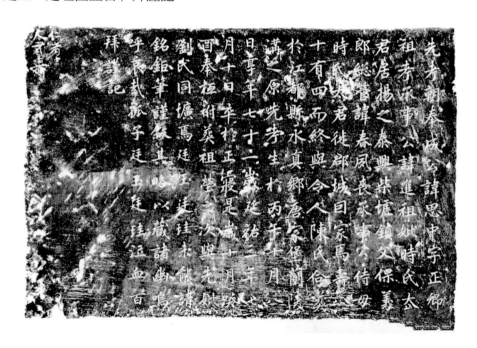

一〇五、元薛文玉地券　延祐六年（1319）十月六日

大元鞏昌府隴西縣興化坊住人薛文玉，於延祐六／年十月初九日，在家因疾身故。龜筮協從，相地襲吉，宜於／本府桃薗鄉五牟谷安厝宅兆。謹用錢九万九千九百九／十九貫文、兼五綵信幣買地一段，東西長二十步八分／五厘，南北闊二十步。東至青龍，西至白虎，南至朱雀，／北至玄武。內方句陳，分掌四域。丘丞墓，封界畔。道路將／軍，齊整阡陌。千秋万歲，永無殃咎。若輙干犯訶禁者，／將軍、亭長收付何伯。牲牢酒餚，百味香新，共為信契。／財地交相分付，工匠修塋，安厝宅兆已後，永保安吉。／

知見人歲住，代保人今日直符。故氣邪精，／不得忓恪。先有居，永避萬里。若違此約，／府主吏自當其禍。主人內外從亡，悉□□／吉。急急如／五帝使者女青律令。／

乞付墓中亡人薛文玉收把，準備付身，永遠照用。

地券藏甘肅省隴西縣博物館，長 33 釐米，高 32.3 釐米。

一〇六、元馮子明墓誌　至治三年（1323）正月二十日

額正書四行：故馮／公六／四承／事墓

亡父諱子明，世居撫之臨川延壽競渡塘人也。生平稟／性溫柔，處鄉里以和，待親朋以礼。兄弟和睦，治家勤／儉。好行善事，久入金剛經會。家道優裕，子孫繩蟄。／父娶邵氏，生男三人：長次俱早丗；三德，新娶鄭氏。女／二人：長適郭陂黎仕安；次適同里余才旺。男孫五人：宗仁娶鄧；宗義娶徐；宗礼娶黎；宗智娶李；宗信未冠。／女孫一人，淨妹。延女孫一人，菊姑。公生於宋乙卯／正月二十六午，享春秋六十有八歲。於大元至治癸／亥正月十四日一疾弗瘳，竟尒長逝。嗚呼痛哉！卜是／月二十日，奉柩葬于祖壠之傍，坐乹向巽，其地／山環水渦，得卜言也。不能丐銘於當古達者，姑紀歲／月，以納諸幽。孝男馮德新泣血拜書。

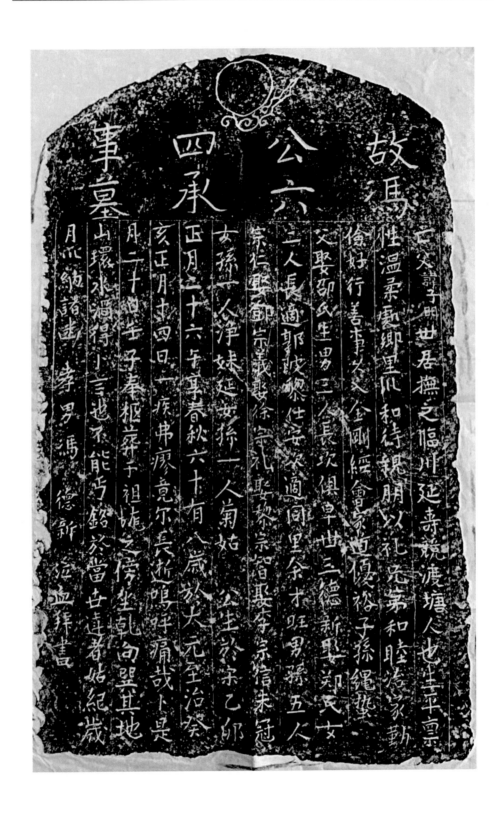

故馮
公六
四承
事塋

口父諱子明世居撫之臨川延壽鄉渡塘人也生平禀
性溫栗處鄉里瓜瓞和待親朋以礼忌宗和睦治家勤
儉好行善事父金剛經會家優裕子孫繩墊
父聖母邵氏生男二人長次俱早世三德新聖知氏女
娶徐宗礼娶黎宗智娶李宗信未冠
二人長適郭政黎仕安次過同里余才旺男孫五人
孫一人長適郭政
女孫一人淨妹延安孫一人菊姑
正月二十六午事春秋六十有八歲於大元至治癸
亥正月十四日一疾弗瘳竟尔長逝嗚呼痛哉卜是
月二十日祖七子奉柩葬于祖墳之傍坐乾向巽地
山環水遶得一言也不能巧銘於當女連者姑紀歲
月爪納諸逝　孝男馮德新泣血拜書

一○七、元吳德英壙誌　至治三年（1323）十二月十六日

額正書四行：饒母／吳氏／孺人／壙誌

　　先妣吳氏諱德英，世居撫之金川踈溪里。太父夢申，父文秀，家世修德，以／儒顯。早年歸配于先君重舉，斯時處于祖居臨川積善鄉棠溪里，門閭翕／然。先妣在室孝悌，克家儉勤，內外無間言。而白雲之思，睊睊在念。由是，迁／倚親舍，築居以便歸寧。先妣克相其內，營度生聚，井井有條，家道日益輪／奐復增。婚男嫁女，各盡其道。正期晚景優游，夫何天不憖遺，竟以微疾而／逝。嗚呼痛哉！先妣生扵宋丙辰年正月十四日巳時，卒扵延祐丙辰年／六月初六日，享年六十有一。生男二：長希軾，娶劉氏；次希轍，娶危氏。女三：／長凈安，適印山楊；次智安，適淡里胡，再適楊溪周；幼／慧安，適楊峯李。孫男／二：長斌壽，贅李氏；次彰祖。孫女一，姑姑。以歲月不亀，稽延斯今。遂涓吉於／至治癸亥十二月十有六日癸酉，奉柩葬于龍鱗橋畔祖妣塋內。其地坐／壬向丙寅，甲乙辰水，潮歸坤申長流。不肖孤未能丐銘于當世大手筆，顯／揚平生，姑直述其大槩，納諸幽壙，以紀歲月云。／

　　孤哀子希軾、希轍百拜泣血書。

一○八、元許衎墓誌　致和元年（1328）九月二十三日

誌蓋正書三行：有元故潛 / 齋先生許 / 仲和墓誌

姪男榮禄大夫、中書右丞、敬齋先生許師敬撰并書。 /

潛齋先生姓許，諱衎，字仲和，以金興定三年庚辰生于河南新鄭縣之 / 寓舍，祖居河內李封。贈銀青榮禄大夫、大司徒，魏國惠和公之次子也， / 中書左丞、贈正學垂憲佐運功臣、太傅、開府儀同三司、魏國文正公魯 / 齋先生之母弟，榮禄大夫、中書右丞敬齋公之叔父也。先生氣稟剛明， / 賦性純厚，早失怙恃。壬辰，甫十三歲， / 天兵渡河，父母兄弟逃難相失。時歲大饑，人相食，遇兵被掠，病載車後，眾 / 謀俟其睡，殺而食之。先生假寐中聞之，投隙而走。眾共追之，乃匿古墓， / 以蓬翳其口，眾不獲而去。及出，又遇兵被掠，乃河南石抹元帥也。石抹 / 以先生讀書聰悟，試令監看乂麥。佃客幼而忽之，夜載麥藏於佗所。比 / 明，躡其蹤，乃白其事。其主益奇異，于是愛之如己子。及長，委以家事。甲 / 辰，文正公在大名，聞先生在洛陽石抹氏家，悲慟數日，即往河南謀脫 / 弟殼。文正公時守小庠，屢至空匱，雖學者饋遺，亦不苟受。以先生故，其 / 助之者後皆倍償焉，遂往來河洛間幾半載。其主者素驕橫，文正公哀 / 懇俖至，卒遂所願，挈弟以歸。過蘇門，請名字于雪齋姚公。還至大名，先 / 生時年二十四歲，遂令就學。始小學，未踰時而終篇，文正公賞其敏達 / 焉。乙巳，先生二十五歲，娶大名李氏，有行婚禮草。文正公化導，昆季有 / 如父子，一家禮貌若朝廷焉。先生剛直勤學，酷好書史，諸子之書，無不 / 涉獵。文正公嘗曰：「我擾攘之際以醫卜免」。遂受針術于竇漢卿太師，輒 / 得心傳之妙。以之治患，捷於影響，疾病者扶杖而來，弃杖而往，不望其 / 酬。然性樂畎畝，喜山林，視冨貴如鴻毛。時文正公當國秉鈞，為 / 上信任，先生甘分丘園，不一動其心。辛巳年，文正公薨，先生哀毀慟哭，三 / 日不食，與人言輒流涕，蓋親炙文正公道德光輝，其觀感者深矣。先生 / 夫人李氏，生女一人，適李宣使，早寡，見旌表其門。夫人張氏，生子二人， / 孫六人。長子師義，前承務郎，淮安路務提領；次子師貞，進士。長孫從宏， / 次從實，次從寧，次從寅，次從完，次從安。先生享年八十，終于河內李封 / 之正寢。姪男通議大夫，廣平路總管可齋臨其喪，聚親友議曰：先生隱 / 居樂道，志剛不屈於物，高尚其志，可号潛齋。於致和元年九月二十三 / 日合葬于田家澗之西北祖塋之右，禮也。 /

致和元年九月二十三日誌石。

墓誌初見於索全星：《焦作市出土的二合元代墓誌略考》，《文物》1996 年第 3 期。

一〇九、元毛妙慧壙記　天曆三年（1330）正月八日

額正書四行：先妣 / 毛氏 / 孺人 / 壙記

先妣孺人諱妙慧，姓毛氏。祖諱継仁，父仲傑，世居撫州金谿縣 / 郭。孺人幼聰慧，柔肅端謹。生十七歲而先君秦贅於毛，粤三年而 / 歸于李。先君字端卿，以醫道馳聲於時。綜理家務，皆孺人力也。孤 / 不天不幸，於丁酉年而先君去世。孺人撫育諸孤，及時婚嫁，備盡 / 勤苦，暮景得以愉逸。無何，條沾一疾，醫藥靡不投餌，罔獲其効。竟 / 以此而殞其天年矣，嗚呼痛哉！風木纏悲，可忍聞乎！孺人生故宋 / 宝祐甲寅，卒 / 大元天曆己巳，享年七十有六。子男五人：長蕙，娶黃；次仁壽，出継 / 毛後；次德大，從釋於明山寺；次仕荣，出継黃後；次天祐，継蕙後，實 / 為長孫也。孫毛慶、元弟、王甥、足孫、黃瑞、玄保、住孫。曾孫一人，張禄。 / 女三人：長適同邑黃仲；次適許瑞；幼適邑南林荣。今以庚午年正月 / 初八日，奉柩于延福鄉三十四都熊家原。其地坐亥向巳，水歸寅 / 甲夘，從吉卜也。孤不肖不能丐銘當代鉅笔，謹摭其大槩，納諸壙 / 中，聊以記其歲月耳。 /

孤哀子李蕙泣血百拜書。 /

里仁旴南王仁山填諱。

先妣毛氏孺人壙記

先妣孺人諱妙慧姓毛氏祖諱継仁父仲傑世居撫州金谿縣

郡孺人幼聰慧秉蕭端謹生十七歲而先吾秦贅於毛粤三年而孤也

歸于李先君字端卿以醫道馳聲於時綜理家務皆孺人力也孤

不天不幸於甲酉年而先君去世孺人撫育諸孫灵時婚嫁備盡克

勘吾暮景得以愉逸無何僾砧一疾醫藥靡不投卿同覆其效竟

從此而頹其未卒矣嗚乎痛哉風木懇悲可忍聞于孺人生故宋

宝祐甲寅辛

大元天曆己巳事年七十有六子男五人長惠要黃次仁壽出継

毛俊次德太江釋於明山李炎侑宋出繼黃後次天祐継惠按實

為長孫也孫通目己元玄保往孫曾孫父人張祿祿當代銀筆蓬撫其大繋紉諸讚

女三人長通汴市卜福邑南林荣今以庚午年正月向巳水歸寅

初八日奉起自上也以不育不能与家原其北坐亥向

甲卯漢吉

中獬以

孫亥子李惠汪血一百拜書

里仁時尚王仁山填諱

一一〇、元傅明道壙記　至順二年（1331）三月

額篆書五行：元故／傅公／雲崖／先生／壙記

先考諱明道，字德昭，世居撫金谿永和白鱔。曾……／父裸，亦中亞選。父大受。歷代以忠厚相傳。先考……／輕貨財，急信義，好善惡惡。性至孝，母患目疾……／目瞢復明。又因母疾一收效於趙月谷道法……／見其靈異，於是師事之，悉其術，利人及物之功……／民之意。體候素康強少疾，間喜為詩文，脩明……／次澹然，不視利祿，克享高年。亦豈非天地之……／日搖手無言，却藥而逝，時至順辛未三月廿……／至此，哀痛忍言之哉！先考生咸淳乙巳十月……／恭、子寬、子信、友開、元善、子惠，友開繼用和……／已。女二：長適同里孔宗壆，亦先卒；次適……／杞、栯、棟、樟、槙。孫女四：適安仁張……／溪章傅生。曾孫二：拙材、英孫……／四十六都五鳳嶺祖隴之……／顯者，姑摭大槩，以記年月……

一一一、元李妙玉墓誌　後至元四年（1338）十二月二十六日

額正書四行：先妣 / 李氏 / 太君 / 墓誌

先妣李氏太君存日諱妙玉，乃撫州臨川前城人也。平生性質寬 / 和，不事華麗，專務女工。处家勤儉，蓄養蚕繰，應酬門户，件件淂宜。 / 而不幸先父夙喪，吾母守制。撫育諸子長成，隆師訓誨，使知循理， / 改換門風。由是，果副所願，家道綽然優裕，產業艮進，連甍接架，以 / 廣其居。親族環聚，妯娌日尚往來，盃酒娛樂，猶同堂合席之舊。婦 / 人女子常提携而来，有挾苧麻置座間紉緝者，既去，且飲且食。凶 / 年飢歲，有不給者，肯傾裕廪接貸，不求苛利。化疏踵門，藹然樂施。 / 以此鄉里感德不忘，咸称太君之賢。方謂兒女滿前，冠婚始畢。備 / 吾母百年，豈期天壽不延，俾我失怙。嗚呼痛哉！先妣生於前至元 / 戊寅三月二十四日寅時，享年六十，卒於後至元三年丁丑十二 / 月二十五日。生男二人：長文質，娶萬氏；次文奇，娶王氏。義男文富， / 娶謝氏。女三人：長妙英，次妙珍，俱適同里塾溪萬子勝、子貴；幼妙 / 静，事陳季，事辜妙明，早喪。孫男有貴仲、仁祥、丑姑寺。然諸不能留柩，遂 / 卜次年戊寅臘月二十六日丙辰云吉，遂舉棺葬于地名烏梢祖 / 壠之傍。坐西向東，山朝水揖，龍虎盤踞，中為亡者萬年宅兆。不能 / 求銘當世名士，故述此以納諸壙云。孤哀子高文質寺泣血謹書。

先姚
李氏
太君
墓誌

先姚李氏太君存日諱妙玉乃撫州臨川前城人也平生性簡寬宜

和不事華糜專務蠶績應酬戶件保理

而不幸先父母守制換育諸子長成隆師川諸使知備理

歐換門風由是果剖所頤滾道得樂裕産業與連覺接架以

人女子常提掌族環姚姐狸頗習下頗帑當卜

以此鄉里盛德不給者不忘天壽不延俾我失恃為呼痛哉先姚生於前冠紹始至元

吾母百年堂期天壽不延俾我失恃為呼痛哉先姚生於前丁丑十二

戊寅三月二十四日寅時享年六寸平後娶王氏次文奇聘王氏第男女

月二十五日生男一人長妙賞其後娶王氏勝遠賣妙

奉謝氏女三人長妙珍俱迪同里塾萬子勝遠賣妙

静俟陳氏孫男有貴仲祥丑姑芽然諸不能留柩遂

卜水車戊寅臘月二十六日丙辰三吉遠奉窆于地名烏槍祖不能

龍之懀生西向東七朝水排龍虎蛇踞中為七者萬年宅兆不能

求銘書云名之敬建此以納諸壙遂去水水子高元質寺迳血謹書

一一二、元劉文政壙記　至正二年（1342）十二月二十三日

額正書五行：先考／劉公／庚七／承事／壙記

　　先考劉公庚七承事世居臨川，長樂之中洲人也。幼喪／母，與叔父冰水相依。少奉父命，贅于同里華峯周宅，九／三年。思惟欲盡人子之道，遂棄外歸宗。親歿之後，惸然／獨立。翁以農桑是務，則不倦其勞。稟性愠良，處事公正。／畏官刑法，節儉營生。由是，則家道優游。親朋鄰里，和氣／藹然。賓至，則樽俎雍容。晚年，兒女債畢，乃處置其家務。／方期息肩，而兩目喪明。翁歎曰：「乃宿分也。」思惟前程有／限，則日課佛号，內外咸曰善人。兒孫繞膝，正此安常守／分，而一疾弗瘳，終于正寢。嗚呼哀哉！公生於宋咸淳庚／午八月初四，中卒於至正壬午十月初四，享年七十有／三。存日諱文政，娶周氏。生男二人：仲榮、仲隆。媳婦許氏、／蔡氏。孫男必富、必貴、必仁、必智、必信、必文、細狗、滿俚。孫／女一娘、二娘、三娘。孫婦吳氏、章氏、蔡氏。以是年十二月庚申，奉柩葬于／華峯，坐艮向坤，虎踞龍蟠，山環水遶，從吉卜也。既厝之／後，咸賴此山諸神呵禁不祥，未能丐銘于當世大手，姑／述卒葬歲月，以納諸幽宮耳。孤哀子仲榮、仲隆泣血書。

先考劉公諱七承事壙記

先考劉公諱七承事世居閬川長樂之中洲人也幼喪
母與叔父冰水相依少奉父命贅于同里華圃宅兒
三年思惟欲盡人子之道遂棄外歸宗親役之後慨然
獨立翁川農桑是務則不倦其勞稟性溫恭事公正
畏官刑法節儉營生由是則家道漸單乃竭制其家務有
譪然賓至則樽俎雍容晚年兒女婚嫁前程有
限川日喪明外歲嘆口善人兒孫繩繩正此安常守
分而一月禍終四申卒於至正壬午十月初事年七十有
午八日諱文政娶周氏生男二人仲紫仲隆惣婦俚孫
三存日孫曇必竇必貴必仁必智必信必文細狗蒲俚孫
女一眼二孫三孫曇歸吳童蔡民以是卜十二月庚中奉柩于
蔡氏孫歸坤宅蹯志蟠山環水遠從吉也阮曆之
俊奉坐段向坤宅蹯志蟠山諸神呵禁不祥未能丐諸于當世大手帖
達送葬咸頌此山諸神呵禁不祥未能丐諸于當世大手帖
女咸頌此山以伸幽宮耳孤哀子仲紫仲隆泣血書

一一三、元傅氏壙記　至正三年（1343）二月十三日

額正書四行：先妣／傅氏／孺人／壙記

先妣姓傅，延壽上富人也。生平立性溫柔，持家勤儉，待鄰／族姻親用和睦，內外無間言。相吾父內助良多，家道用裕，／兒孫蕃衍。惟期齊眉偕老，福享安閑。詎意一疾弗瘳，自盡／天年，竟弃諸孤而逝，嗚呼痛哉！享世壽六十有三，生大元／前辛巳五月十七辰時，卒後癸未二月初九日。生男三：長／聖華，娶吳；聖清，娶傅，先吾母一年而卒；聖傳，娶桂。女二：長／適李必先；次適歐德榮。孫男一，舜生。孫女三：玉姑、漢女、／細姑。今將以是月十三己酉日，奉柩葬于里之朱家塘／邊祖壠之右傍。其地坐巳向亥，山水廻抱，似為吉所。先／妣必妥靈於九泉，澤及後昆，宜也。不能求銘於今時／大筆，姑述大槩，納諸壙，以記歲月云耳。／

至正三年二月己酉日，哀子黎聖華、聖傳泣血拜書。

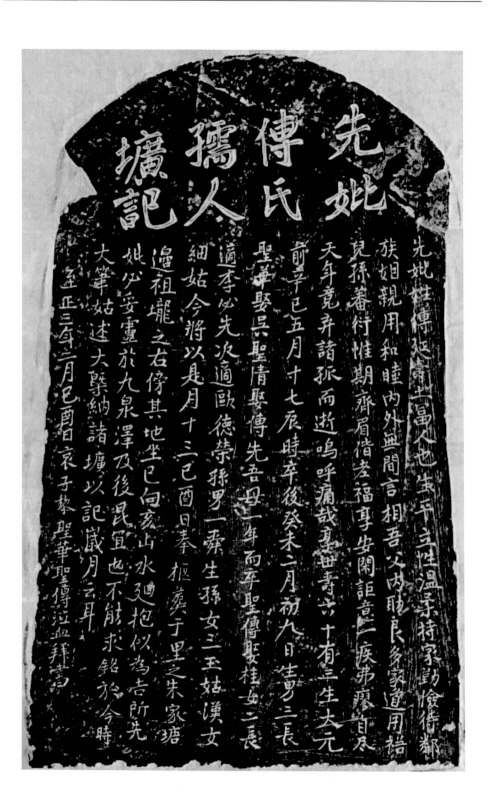

先妣
傅氏
孺人
壙記

先妣姓傅延甯府土冨人也生平之性溫柔持家勤儉儔都
族姐親用和睦內外無間言相吾父內助良多家道用裕
見孫蕃衍惟期齊眉偕老福事安閒詎意一疾弗瘳自盡
天年竟弃諸孤而逝嗚呼痛哉吾世壽六十有三生男三長
前辛巳五月十七辰時卒後癸未二月初九日生男三長
聖華娶吳聖情娶傅先吾母一年而卒聖傳聖桂女三長
適李必先次適歐德崇孫男一桑生孫女三玉姑漢女
細姑今將以是月十三巳酉日奉柩葬于里之朱家塘
邊祖塋之右傍其地坐巳向亥山水廻抱似為吉所先
姊少妥靈於九泉澤及後昆宜也不敢求銘於今時
大筆姑述大槩納諸壙以記歲月云耳
至正三年二月巳酉日哀子黎聖華聖傳泣血拜書

一一四、元梁士通壙誌　至正四年（1344）十一月四日

大元故梁隱君永之壙誌銘 /

隱君諱士通，字永之，其先河南人。早從事行伍間，當至元混一初， /
即下樂仕，隱于商，游淮之寶應。曰縣東隅里地舊產瑞芝，喜曰：「是 / 可居。」
遂買田宅居焉。家饒貲蓄，用甚簡。事上則謹飭循禮法，鄉邦 / 稱之。春秋
八十五，生中統庚申歲七月二日，終至正甲申歲正月 / 八日。終之季十又一
月四日庚寅，葬于縣北三里運河西之新買 / 莊。妻氏姓孫，以至正二季三月
三日終，享年七十有三。至元前庚 / 午正月廿四日，其生時也。今合葬。子三
人：宏，高郵寧國萬户府提 / 控案牘，早世；伯顏，以內臺宣使授浙東海右
道廉訪司照磨官、將 / 仕郎、□太尉府宣使。孫四人，皆讀書學禮。嗚呼！今
之制，凡治葬，必 / 刻誌石，載其事，納諸壙，以示久也。銘曰： /

德充于身譽于鄉，澤之深流之長，子孫世世其永昌。

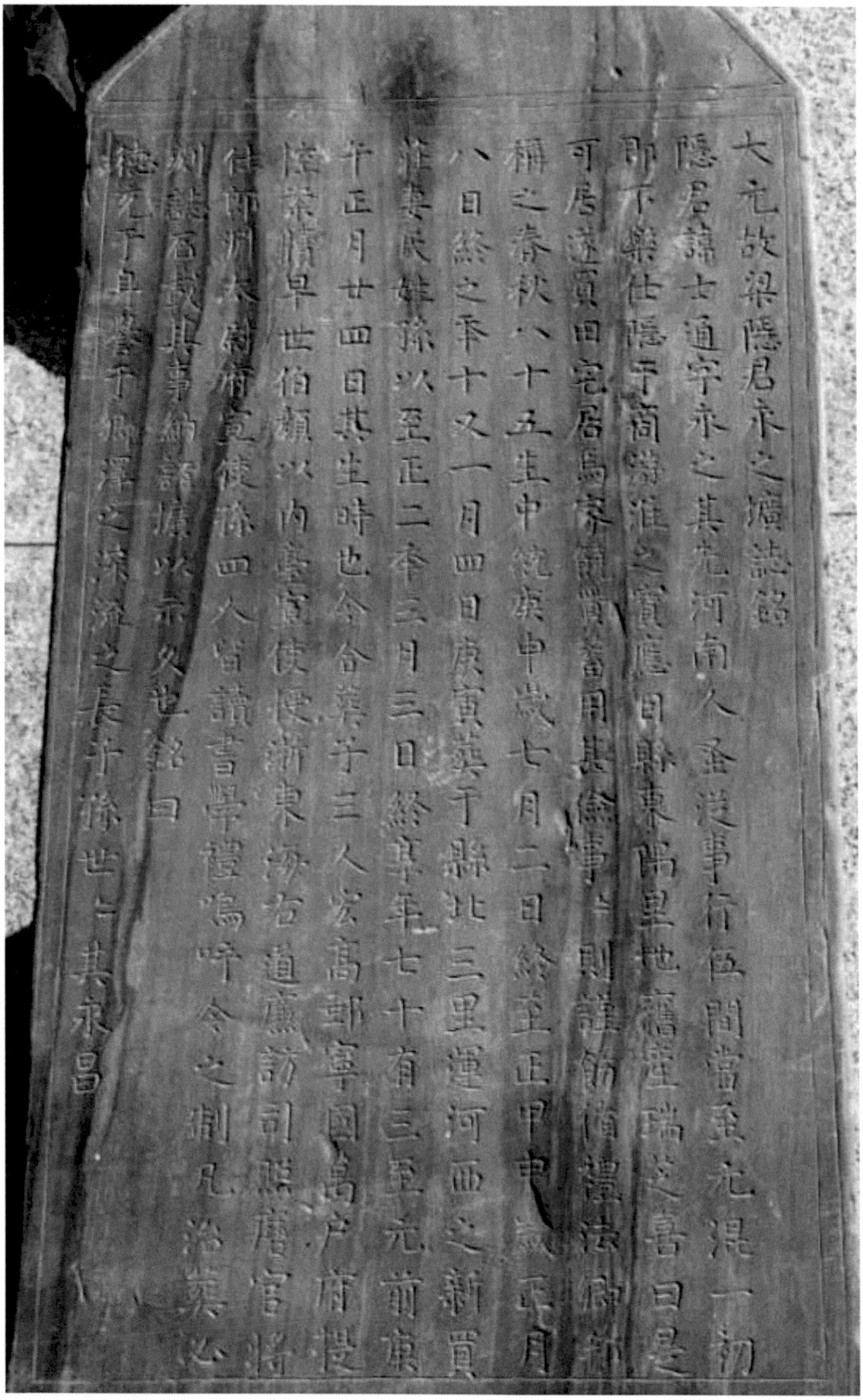

一一五、元危柔正壙記　至正六年（1346）十月十五日

額篆書四行：亡室／孺人／危氏／壙記

　　孺人諱柔正，賦性莊重，事親孝，女紅多能，見聞礼法甚悉。歲／在庚戌，歸于我。克盡婦道，治家勤儉。撫子女以恩，待族姻以／和，內外無間言。正期晚景優游，豈料一旦無疾而逝。嗚呼痛／哉！生於至元甲午五月七日，卒於九月丙戌廿四日，享年五／十有三。曾祖如椿，登仕郎。祖淡，國學進士。父龍廣，號清隱翁，／踰七望八康強。吾妻白雲之思已矣，悲哉！母胡氏亦窨族，世／居撫之金谿。朝請大夫玄孫，瑞州太守濛溪先生猶子之孫／也。男二人：長郴，娶嚴氏；次郿，未婚。女如珍，適前山劉以敬。孫／男二：彌壽、虞郎。孫女一，開壽。以卒之年十月十五日，附葬里／之龍鱗橋祖壠之側。其地壬山丙向，水歸坤申長流。嗚呼！孺／人生平淑德，而止如是耶，痛哉！葬期逼，不能求銘於當世君／子，直書歲月納于壙。孝夫饒希轍抆淚謹書。

危氏孺人壙記

孺人諱柔正賦性莊重事親孝女紅多能見聞礼法甚悉歲
在庚戌歸于我克盡婦道治家勤儉撫子女以恩待族姻以
和内外無間言正期晚景優游豈料一旦無疾而逝嗚呼痛
哉生於至元甲午五月七日卒於丙戌九月廿四日享年五
十有三曾祖如橋登仕即祖淶國學進士父龍亮號清隱翁
君撫之金輅朝請大夫玄孫瑞州太守濠溪先生獵子之孫
也男二人長開基嚴氏次鄉末娶女如姒適前山劉以敬孫
男二人壽濤壽以平之年十月十五日附葬里
瑜七望八康強晉壽白雲之思巳矣悲哉母胡氏富族世

女龍講稿祖賴之側其地壬山丙向水歸坤申長流嗚呼孺
人生平淑德而止如是即痛哉葬期逼不能求銘於當世君
子直書歲月納于壙

孝夫饒
希轍 拔涙謹書

一一六、元莫簡墓誌　至正八年（1348）七月

　　大元故嘉議大夫、平江路捴／管莫簡字居敬，京兆人。前至／元丙寅十二月生，至正戊子／七月，以壽終于正寢，享年八／十有三。禠迪，祖妣李氏。考祺，／妣田氏。妻邢氏。用公貴，咸授／三品，封贈冢子浩廕七品流／官。次年春，遵儒禮，樸素祔葬／長安縣苑西鄉青架社先塋／之穆。詳載別石。

一一七、元陳懿恭壙記　至正十七年（1357）八月十八日

額篆書四行：先室／陳氏／孺人／壙記

孺人諱懿恭，曾大父籥，大父蘭孫，父可継，世居撫／州臨川長壽之麻陂。至治辛酉，歸于我。勤績紡，務／蚕桑，善經紀，新苐宅，增田畝。賦性剛急，不受激觸。／然處家以和，奉姑盡禮，娣姒無間言，宗族隣里盡／敬。賓朋過從，具飲饌不缺，歲時蒸嘗必恭。延師教／子，婚嫁皆畢。方欲分析二子，以求閑適。而天不假／以壽，抱疾期年，醫禱不瘳，終于正寢。痛哉！子男二：／同裿，娶桂；同祺，娶陳。女二：長適陳琜；次適周武安。／孫女二：鸞、鳳。孫男如生。生扵大德壬寅正月五日，享壽五十／有三。歿扵至正甲午八月廿三日，至丁酉年八月／庚申，奉柩葬于十五都水流汪欄楯山内。坐丑艮，／向未坤，山環水遶，妥靈安焉。未能勾銘當世大手／筆，姑記歲月，納諸壙云。孝夫趙季釗扠淚敬書。

考室
陳氏
壙入
壙記

孺人諱懿恭曾大父篘大父蘭孫父可繼世居撫
州臨川長壽之麻陂至治辛酉歸于我勤績紡務
蠶桑善經紀新第宅增田畝賦性剛慧不受激觸
然慶家以和奉姑盡禮娣姒無間言宗族隣里盡
敬賓明過從具飲饌不缺歲時燕嘗必恭延師教
子婚嫁皆畢方欲分析二子以求閒適而天不假
以壽抱疾期年醫禱不療終于正寢痛哉子男二
同荷娶桂同祺娶陳女二長適陳珎次適周武安
孫女二驚鳳生於大德壬寅正月五日享壽五十
有三殁於至正甲午八月廿三日至丁酉年八月
庚申奉柩葬于十五都水流江欄橋山內坐丑艮
向未坤山環水遠妥靈安焉未能卽銘當世大手
筆姑記歲月納諸壙云　孝夫趙季劉技淚敬書

一一八、元李文材姚可壙誌　至正二十六年（1366）十二月二十三日

額篆書六行：考宗／囿李／君妣／孺人／姚氏／壙誌

宗囿李□□□孺人姚氏壙誌／

先考宗囿君□，君諱文材，字□□，寔江王之苗裔也。按家乘，江王諱元祥，乃／李唐之宗室也。傳至于宋，有石芹公諱明，始家于莆之揚美也。石芹之後，有／制幹公、都巡公，既翕且眈，而□□以大也。制幹公諱富成，輿梁以濟人。生僉／判公諱廷耀，廣廈屋而庇士，寔君之世祖、世宗也。僉判之後，有蔬囿公諱清／林，好德而文，配姚氏、王氏。生西塘公諱讜老，配蔡氏，克昌厥後，寔君之祖妣、／考妣也。君伯仲五人，四既君。而行萬十二□／□□囿者，蓋繩□□之号也。娶／姚氏者，蓋續祖妣之好也。姚生二子，是為有剛、有成之妣□□□也。繼母鄭／氏生有命，是為君之季子也。經、緯者，君二孫也。君美風儀，□□□義，非以力／服人也。訓諸子而延名師，能以禮下人也。闢宮室，中以奉先□，□親也；為亭／臺，前以燕友，□先施也。且喜樂以永日，茅富貴扵浮雲，天何不之壽而使諸／孤遽失怙也。先妣姚孺人也，姚諱可而行一，寔宋進士知循州諱直夫之來／孫女也。循州之後，有副使公諱天驥，配黃氏。生□諭公諱秉志，配王氏，寔妣／之大父母、父母也。妣昆季五人，次即妣也。年□□而歸于李蘋藻公宮，視祖／妣為曾老姑也。雍容內則，處妯娌而無間言也。事我先君順而正，能婦也；教／我弟兄寬而栗，能母也。天何奪之速，而使諸衰俄失恃也。有剛時幼，惑扵俗，／尚浮屠而不能掩之以道，罪□辭也。今與弟有成為先君輿櫬葬于世林祖／都巡公墓左，洞庭境之原，以妣瓦棺祔也。妣生扵戊午季夏十有九日，卒扵／丁亥孟夏二十有九日，享年三十也。先君生扵己未孟冬四日，卒扵癸卯季／冬六日，享年四十五也。至正丙午辛丑庚午，葬之年月日也。嗚呼！考妣以紹／于前而啓我後者如此，若沒世而名不称，是謂不誌，猶不葬也。方將求椽筆／以表墓，而此特誌其實行次大略，納于壙也。誌者謂誰，男有剛也。

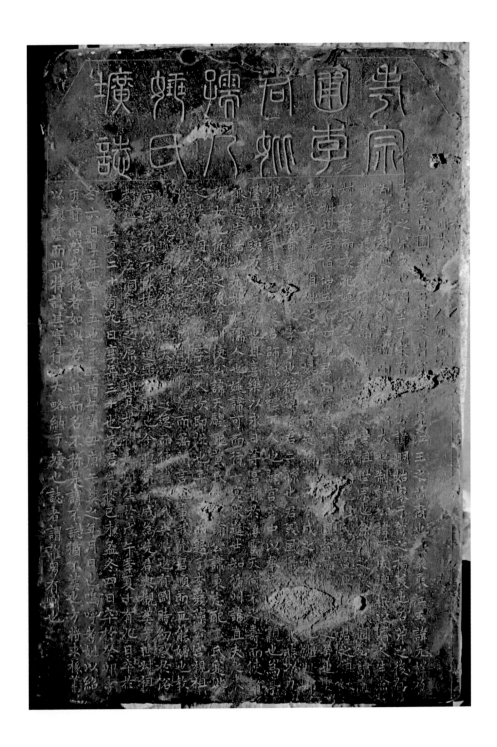

參考文獻

1. 郭茂育、劉繼保編著：《宋代墓誌輯釋》，中州古籍出版社，2016 年。

2. 紹興市檔案局（館）、會稽金石博物館編：《宋代墓誌》，西泠印社出版社，2018 年。

3. 何新所編著：《新出宋代墓誌碑刻輯錄》（北宋卷），文物出版社，2019 年。

4. 何新所編著：《新出宋代墓誌碑刻輯錄》（南宋卷），文物出版社，2020 年。

5. 周峰編：《貞珉千秋——散佚遼宋金元墓誌輯錄》，甘肅教育出版社，2020 年。